NORMAND RAJOTTE

COMME UN MURMURE

– Like a Whisper –

COMME UN MURMURE

– Like a Whisper –

Photographies de / Photographs by

NORMAND RAJOTTE

Texte par / Text by

Alexis Desgagnés

KEHRER

– Être de ta patrie –

Ce qu'être de ta patrie veut dire est plus que politique. Plus que choses humaines, tourments et transactions. Plus bas dans la nature et plus profond dans l'être, ta patrie, c'est là où ton souffle erre seul dans le bois.

Dans un écran d'herbes, tu cherches le vent tapi qui te guide, chez toi comme chez lui, au mur d'une forêt dense à t'avaler. Un chemin depuis longtemps tracé t'engloutit. Ton pas s'y confond à celui de l'animal. Tout ce qui est bois ici est grugé, noyé, sec ou encore bien vert; tout ce qui est branche n'attend que de grandir, de fendre ou de sombrer.

« Dans les bois, j'avance comme un murmure. » Tu plonges ta main dans le premier ruisseau, gorgé d'alevins, de têtards et d'alluvions. Tu te dis : « Je ne suis pas ailleurs; je suis un site, la bête ou le génie du lieu. » Enchevêtrement de sillons de vers tisserands filant la vase sous des aulnes voltigeurs.

Le sol exsude un ciel d'huile où se mire, sauterelle au bec, un pluvier kildir. Cent fois, mille fois, il est venu sans peur ici. Par temps de grand calme, il chante un décor suspendu entre deux saisons. « L'été s'en va, l'automne arrive. Chevreuils ne laisseront pas de pommes. Chasseurs et coyotes ne se priveront pas non plus. Cent-fois, mille-fois, je-suis-ve-nu-sans-peur-i-ci. »

Un silence retentit du fond de la forêt. Immobile dans tes pensées, à l'affût dans tes instincts, tu remarques qu'un mont te surplombe et que l'oiseau s'est tu. *Namagôtegw*. Mégantic. Rivière au Saumon. La Patrie. Tes pas dans la glaise. Ton souffle animal dans le bois.

Mi-grave, mi-aigu, le grondement du nordet. Il disperse au pied des arbres une mousse duveteuse, arrachée par le temps à la carcasse, décharnée, desséchée, qui te barre le chemin. Un instant tu penses, puis te ressaisis. « La mort est sans durée dans ma patrie. Ce qui s'y éteint est aussitôt rallumé par ce qui grouille, danse de vie, traces de danse, entre du bois pourri et ce monticule éventré où vivent des insectes fouisseurs. »

Ta forêt, miroir décidu du visage boréal, à chaque saison de ton âge, tu y reviens. Tu te parles. « Le chemin de l'érablière, même inondé, c'est chez les miens. Chaque nuit, pendant que d'autres scrutent le ciel non loin d'ici, mes rêves s'enfoncent un peu plus dans le limon du pays. Qu'importe mille étoiles si ce soir le coyote reste coi devant la lune, et si demain je ne croise pas sa piste ? L'infini ? S'il éclipse le son du bois creux de ma forêt, je le laisse aux autres. Ne m'importe que de scruter les chemins de sédiments ignés, le gabbro et la syénite, où la perdrix et la bécasse – *Bonasa umbellus* et *Scolopax minor* – hier encore ont laissé leurs traces. »

Ce qu'être de ta patrie veut dire, nous ne pourrons jamais l'éprouver qu'en nous-mêmes, ou devant le murmure calme et solitaire de tes photographies.

Alexis Desgagnés

Montréal, le dimanche 3 mai 2015

– To Be from Your Homeland –

To be from your homeland means something more than politics—more than human affairs, torments, and transactions. Lower in nature and deeper in being, your homeland is where your breath wanders alone in the woods.

In a screen of grass, you search for the crouching wind that guides you—this place is home to both of you—to the wall of a forest so dense it could swallow you. A path traced long ago engulfs you. Your steps merge with those of the animal. Here, everything wooden is gnawed, drowned, dry, or still green; every branch is eager to grow, to fork, or to sink.

"In the woods, I advance like a whisper." You plunge your hand into the first stream, full of fry, tadpoles, and alluvium. You tell yourself: "I am not elsewhere; I am a site, the beast or the *genius loci*." Entanglements of burrows woven by worms in the mud beneath fluttering alders.

The ground exudes an oily sky where a killdeer, grasshopper in beak, mirrors himself. A hundred times, a thousand times, he has come here without fear. In a moment of great calm, he sings a scenery suspended between two seasons: "Summer departs, autumn arrives. Deer will leave no apples; hunters and coyotes will not deprive themselves either. A-hun-dred-times, a-thou-sand-times, I-have-come-here-with-out-fear."

A silence resounds from the depths of the forest. Immobile in your thoughts, lying in wait in your instincts, you notice that a mountain leans over you and that now the bird is silent. *Namagôtegw*. Mégantic. Rivière au Saumon. La Patrie. Your footsteps in the clay. Your animal breath in the woods.

Half low, half high, the roar of the nordet, scattering around the bases of the trees a fluffy moss that time has stripped from the carcass—gaunt, withered—that blocks the way. One moment you think, then recover: "In my homeland, death has no duration. What is blown out is rekindled just as quickly by what bustles, dance of life, traces of dance, between some rotten wood and that eviscerated mound where burrowing insects live."

Your forest, deciduous mirror of the boreal face, at each season of your age you return to it. You talk to yourself: "The path to the sugar bush, even flooded, belongs to my people. Each night, while others not far away are scrutinizing the sky, my dreams sink a little more into the silt of this country. What do a thousand stars matter if tonight the coyote remains speechless before the moon, and if tomorrow I do not cross his tracks? The infinite? If it eclipses the sound of the hollow wood of my forest, then I leave it to others. It only matters to me to scrutinize the paths of igneous sediments, gabbro and syenite, where the partridge and the woodcock—*Bonasa umbellus* and *Scolopax minor*—yesterday still left their traces."

What it means to be from your homeland we can only feel in ourselves, or before the calm and solitary whisper of your photographs.

Alexis Desgagnés

Montreal, Sunday May 3, 2015

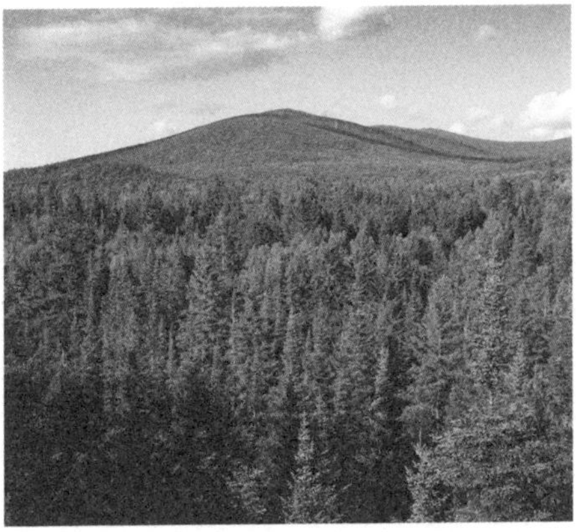

Depuis plusieurs années, Normand Rajotte explore un territoire de quelques kilomètres carrés situé au pied du mont Mégantic, près de La Patrie, un village du sud-est du Québec (Canada). La série Comme un murmure *a été réalisée entre 2004 et 2010.*

-

For years Normand Rajotte has been exploring an area of a few square kilometres at the foot of Mont Mégantic, near La Patrie, a village in southeastern Québec, Canada. The series Comme un murmure *(Like a whisper) was produced between 2004 and 2010.*

normandrajotte.com

Texte / Text
Alexis Desgagnés

Relecture / Proofreading
Martine Passelaigue, Tom Grace

Traduction / Translation
Craig Rodmore

Photogravure / Image processing
Kehrer Design Heidelberg (Erik Clewe)

Étalonnage des images / Image calibration
François Gagné

Design graphique / Graphic design
Dominique Mousseau

Production
Kehrer Design Heidelberg (Andreas Schubert)

Information bibliographique de la Deutsche Nationalbibliothek
La Deutsche Nationalbibliothek répertorie cette publication dans la Deutsche Nationalbibliografie; les données bibliographiques détaillées peuvent être consultées sur Internet à l'adresse http://dnb.dnb.de.

Bibliographic information published by the Deutsche Nationalbibliothek
The Deutsche Nationalbibliothek lists this publication in the Deutsche Nationalbibliografie; detailed bibliographic data are available in the Internet at http://dnb.dnb.de.

Imprimé et relié en Allemagne / Printed and bound in Germany
ISBN 978-3-86828-658-8

Kehrer Heidelberg Berlin
www.kehrerverlag.com

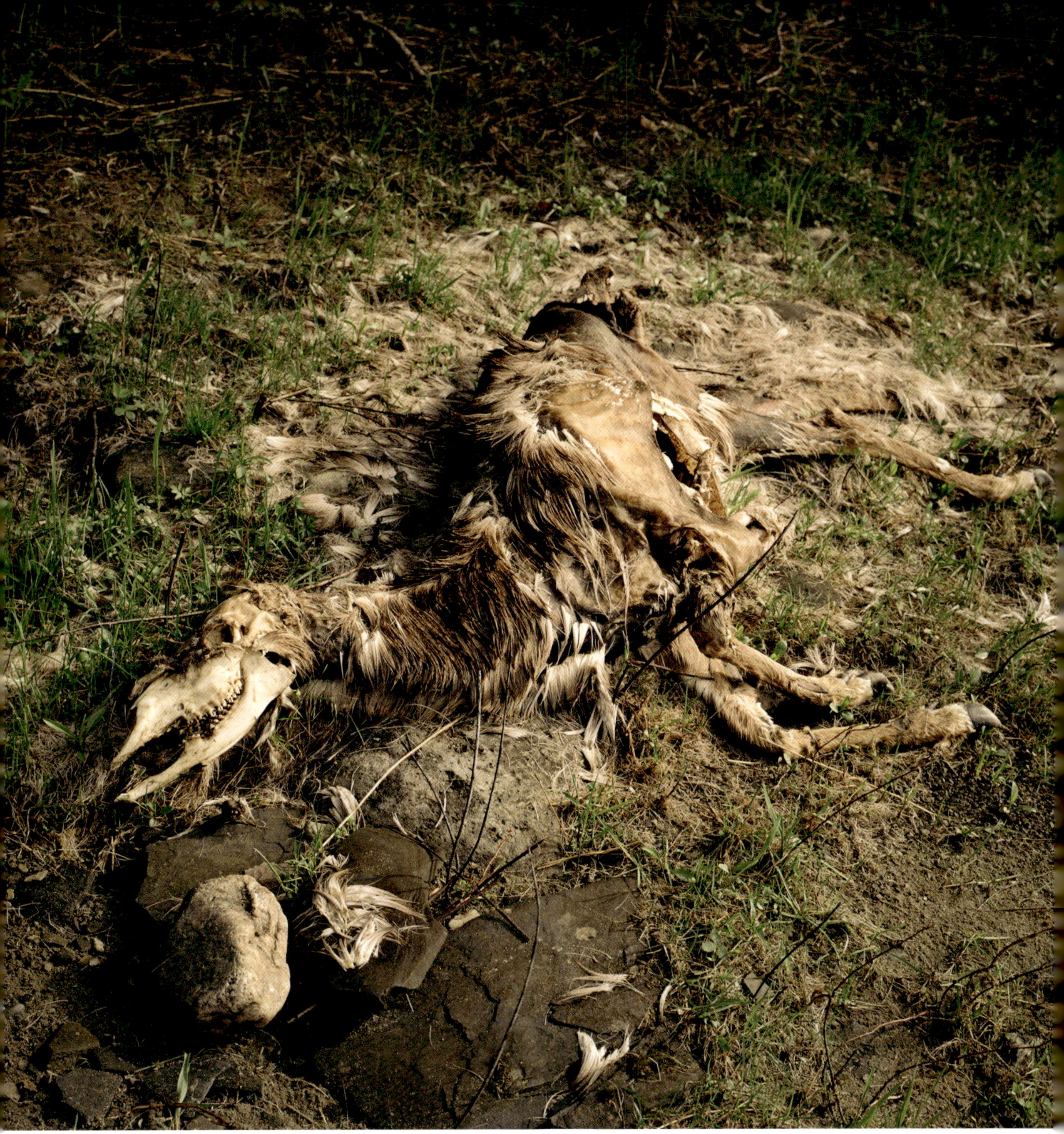

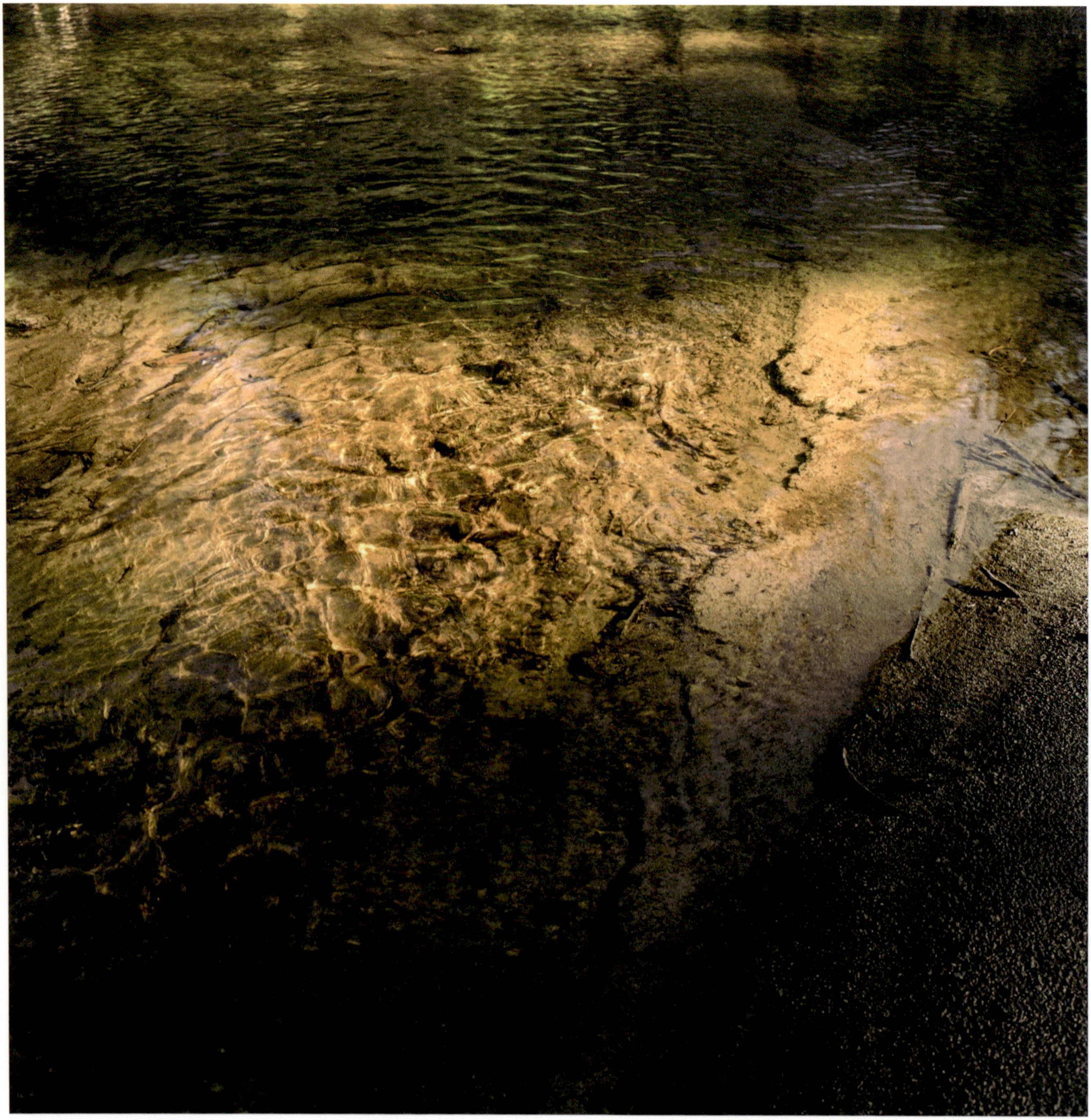

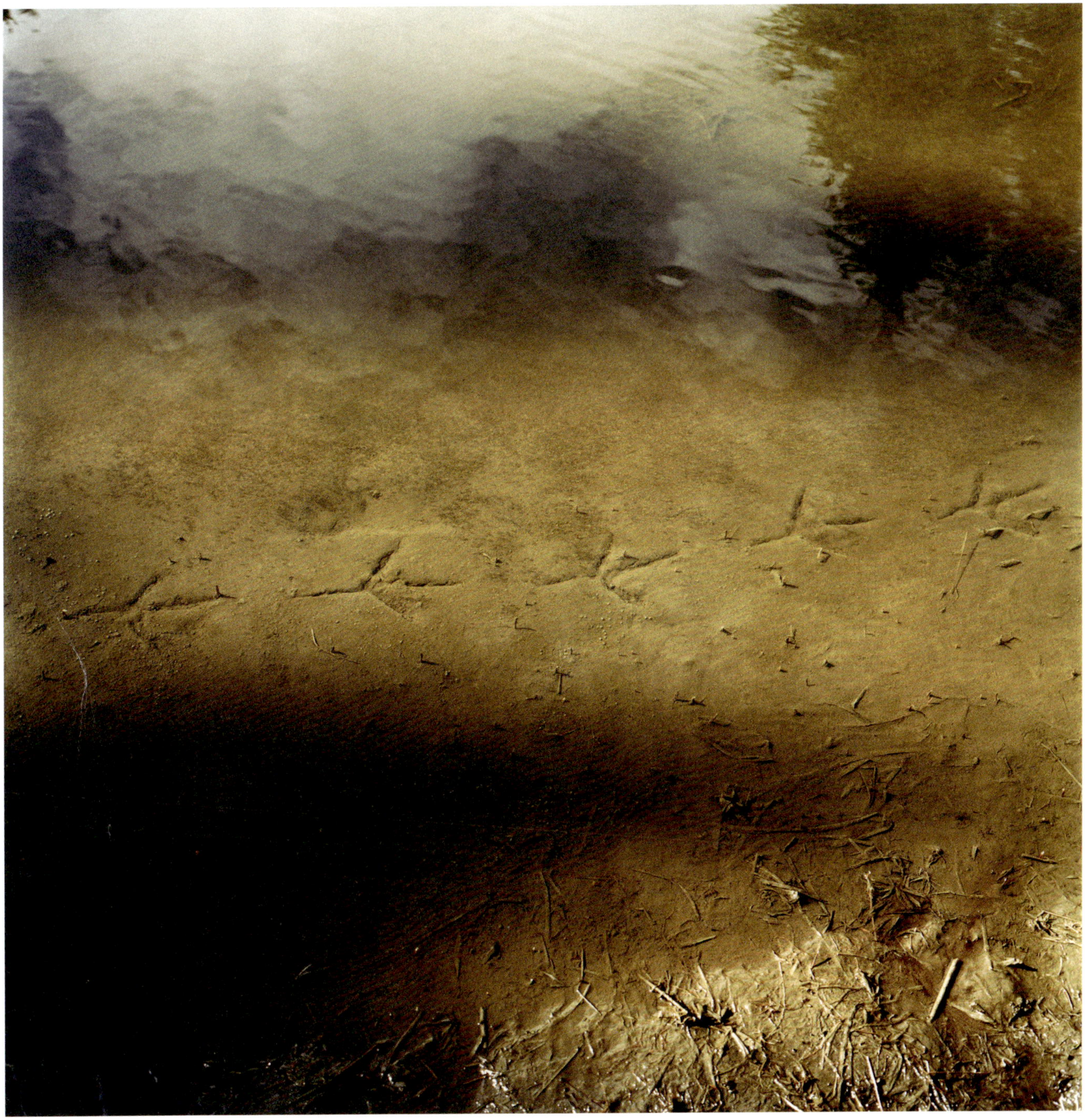

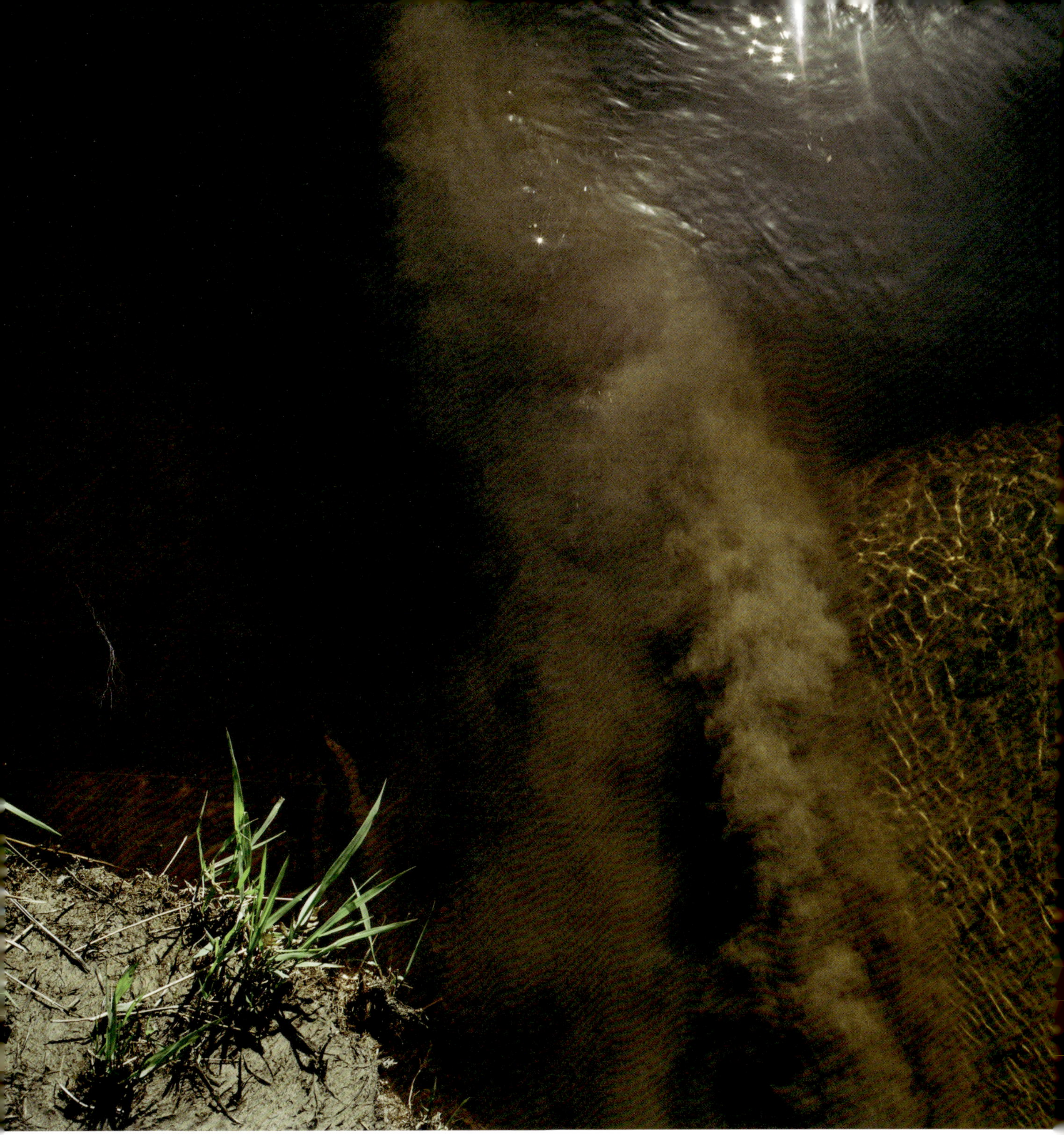

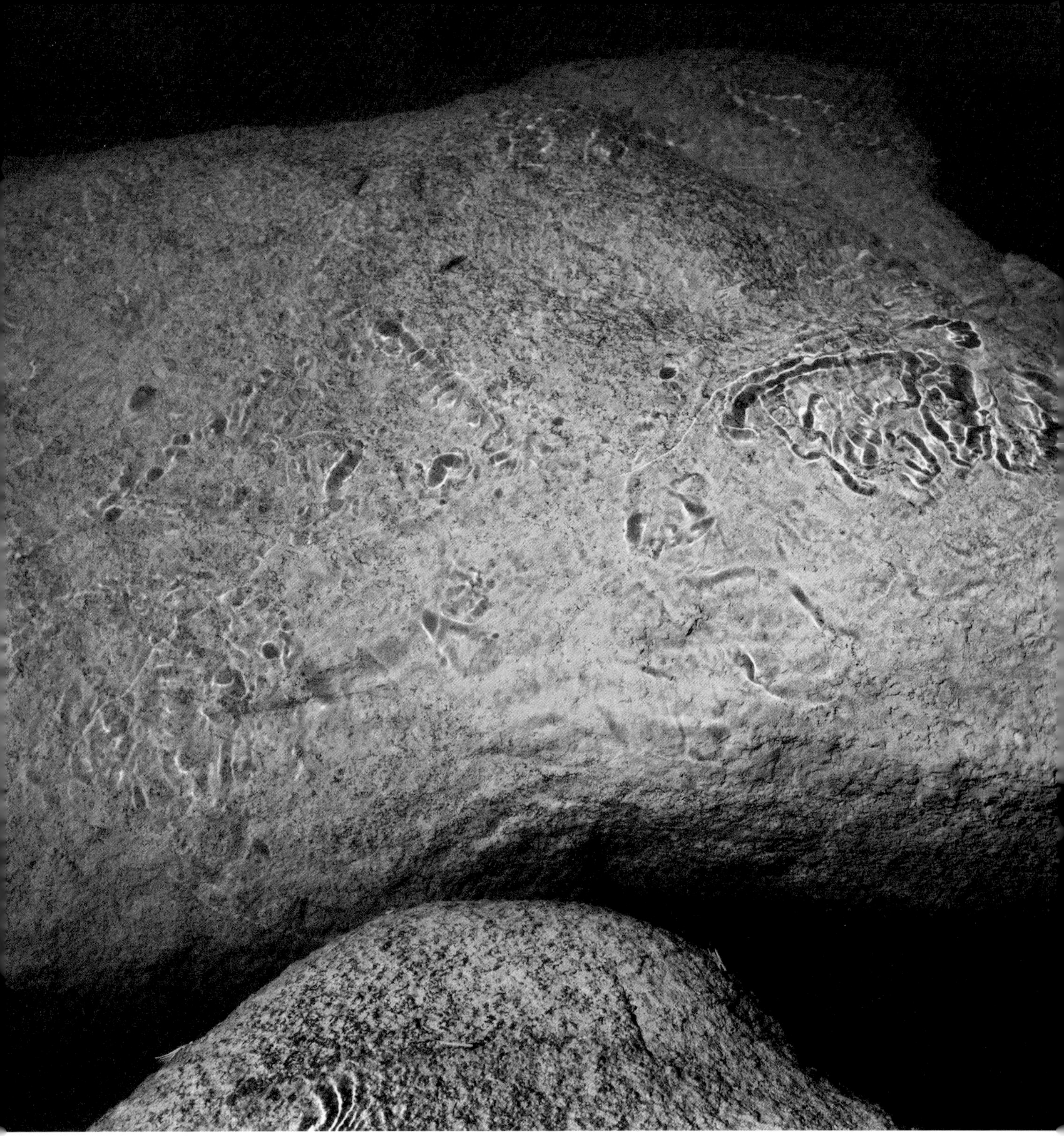

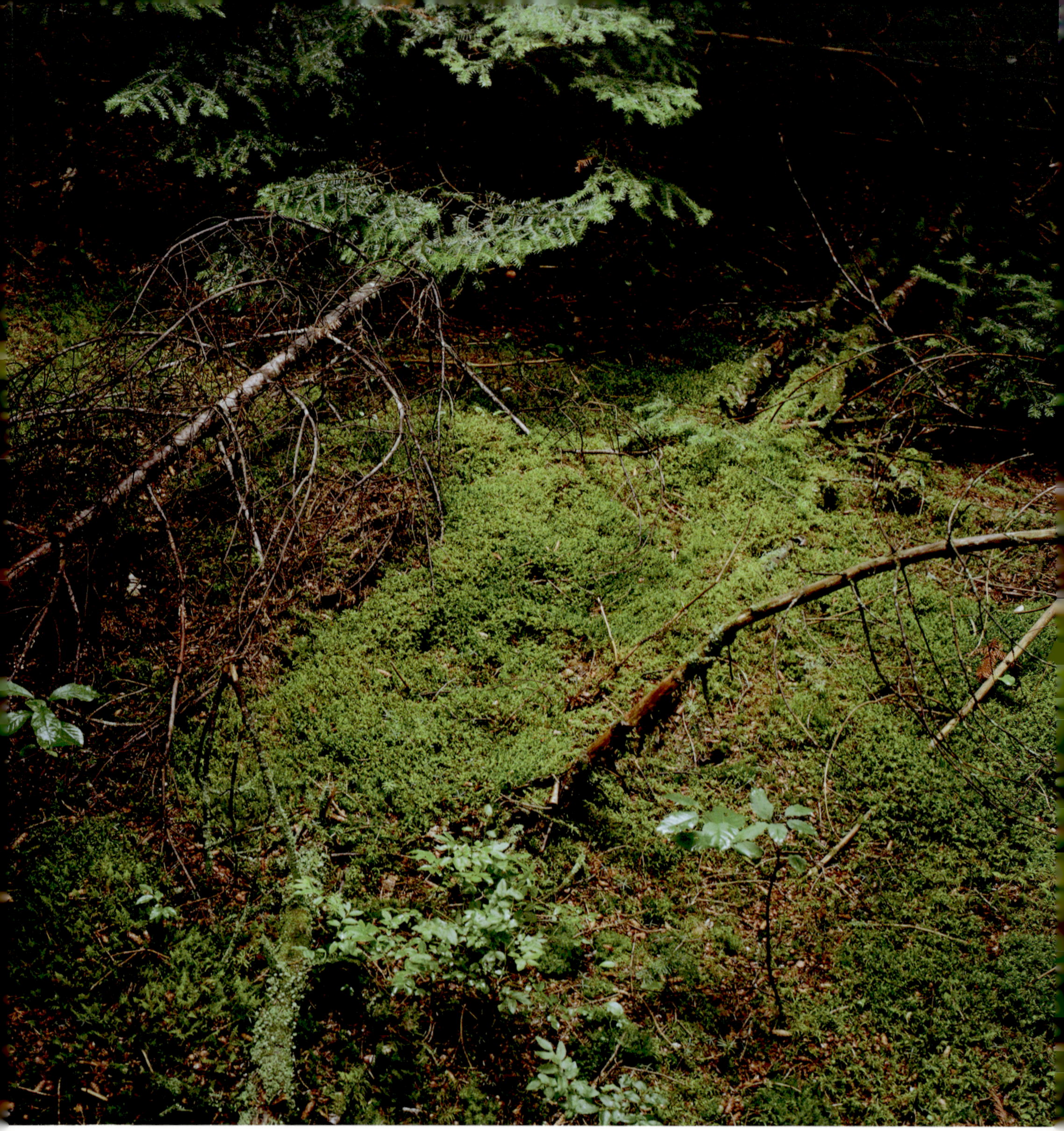

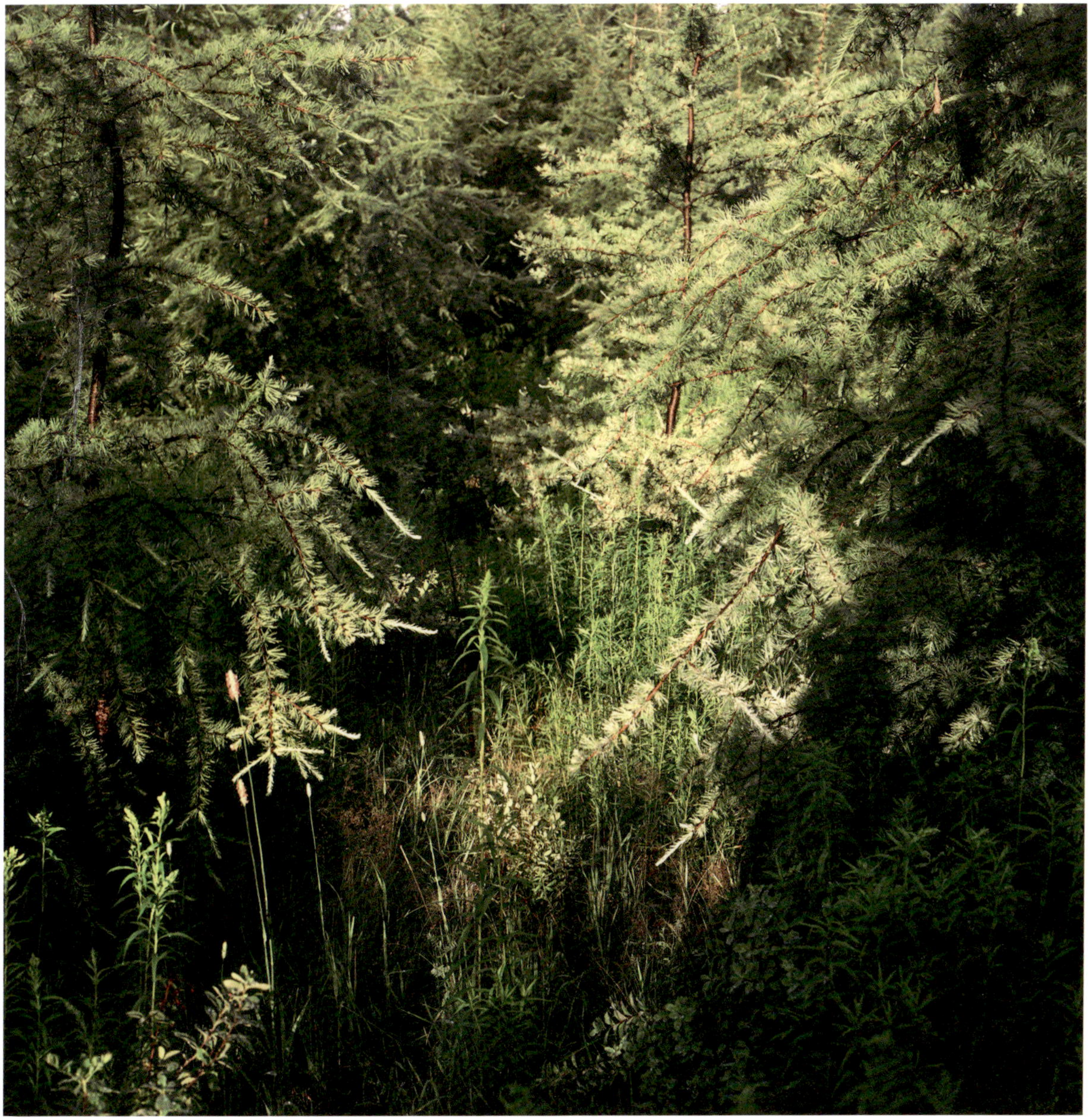

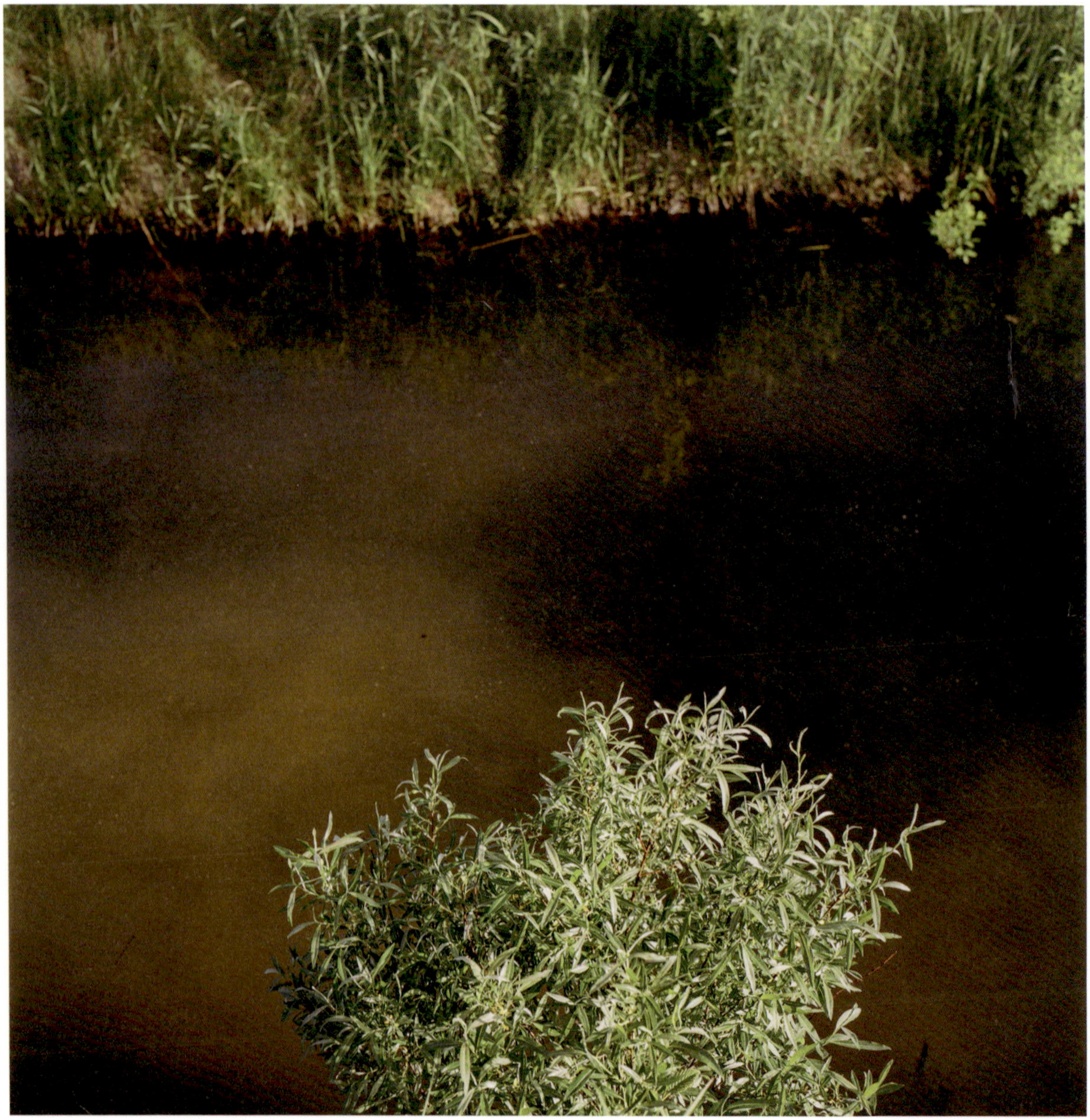

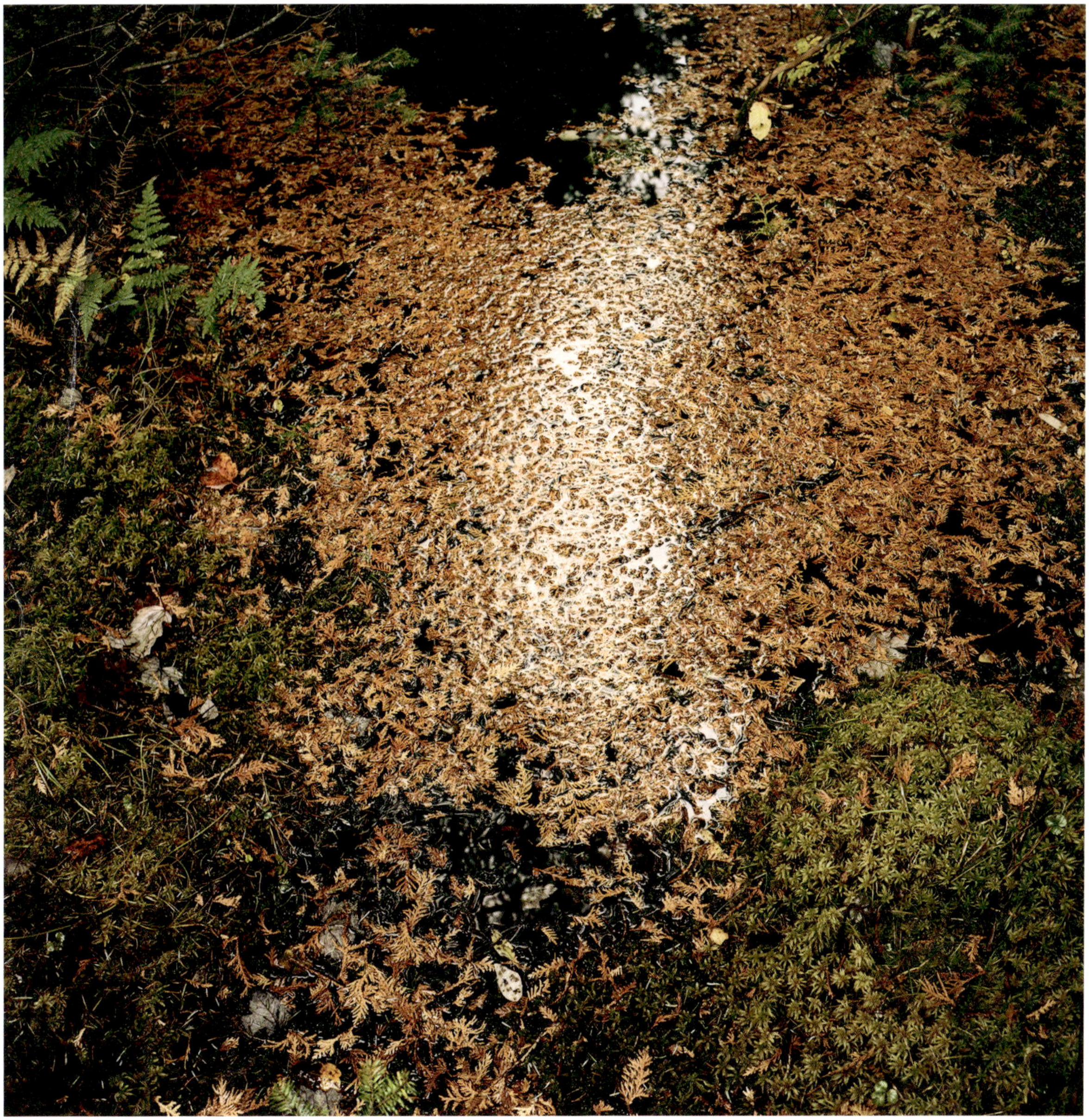

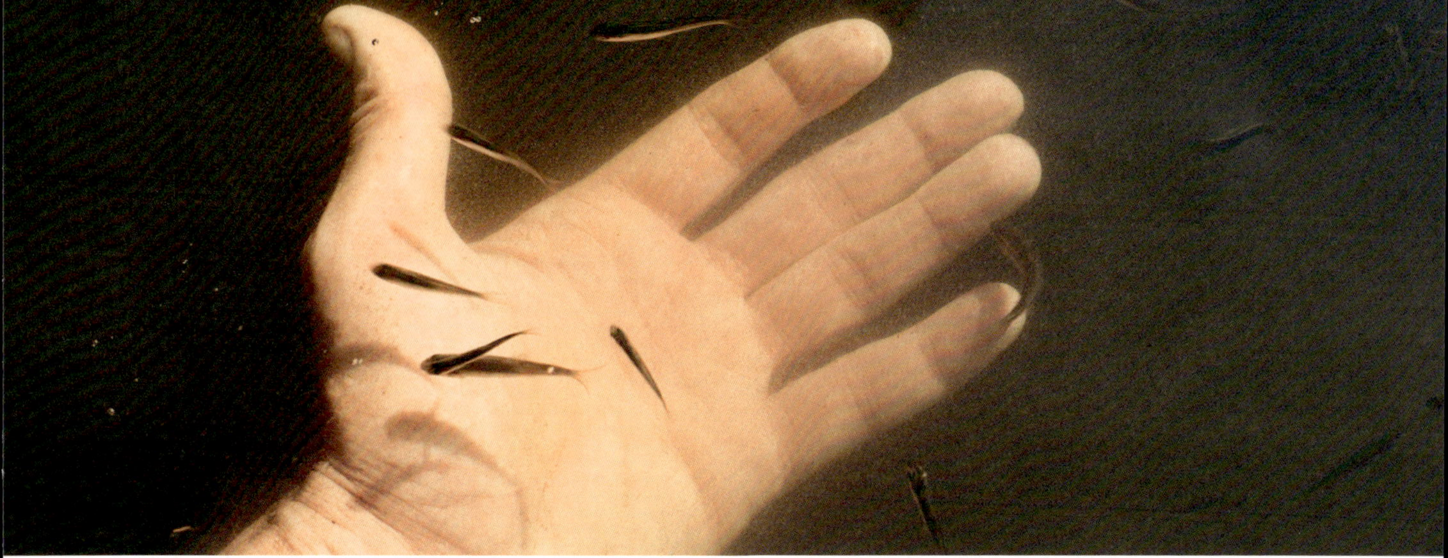

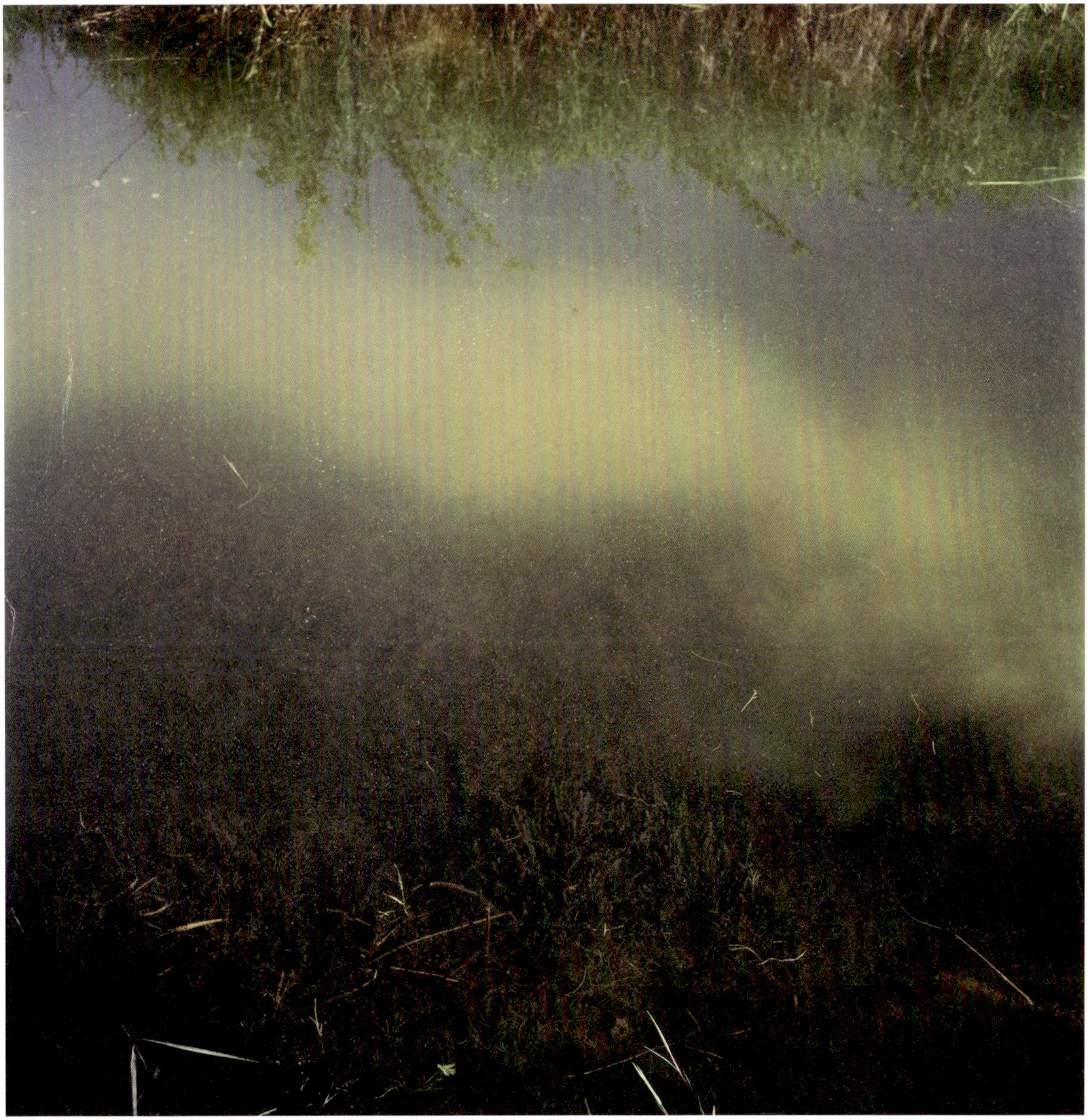

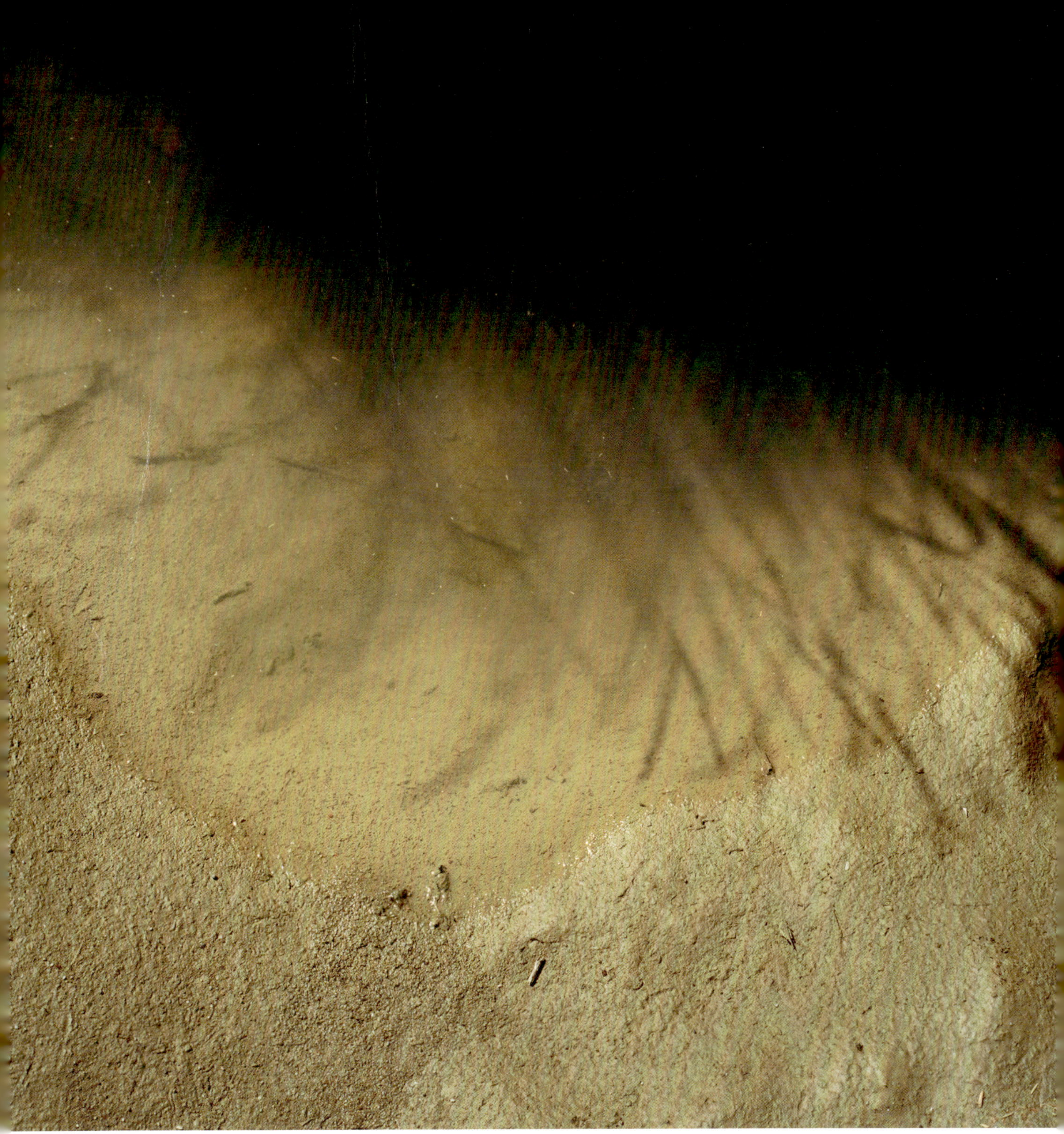

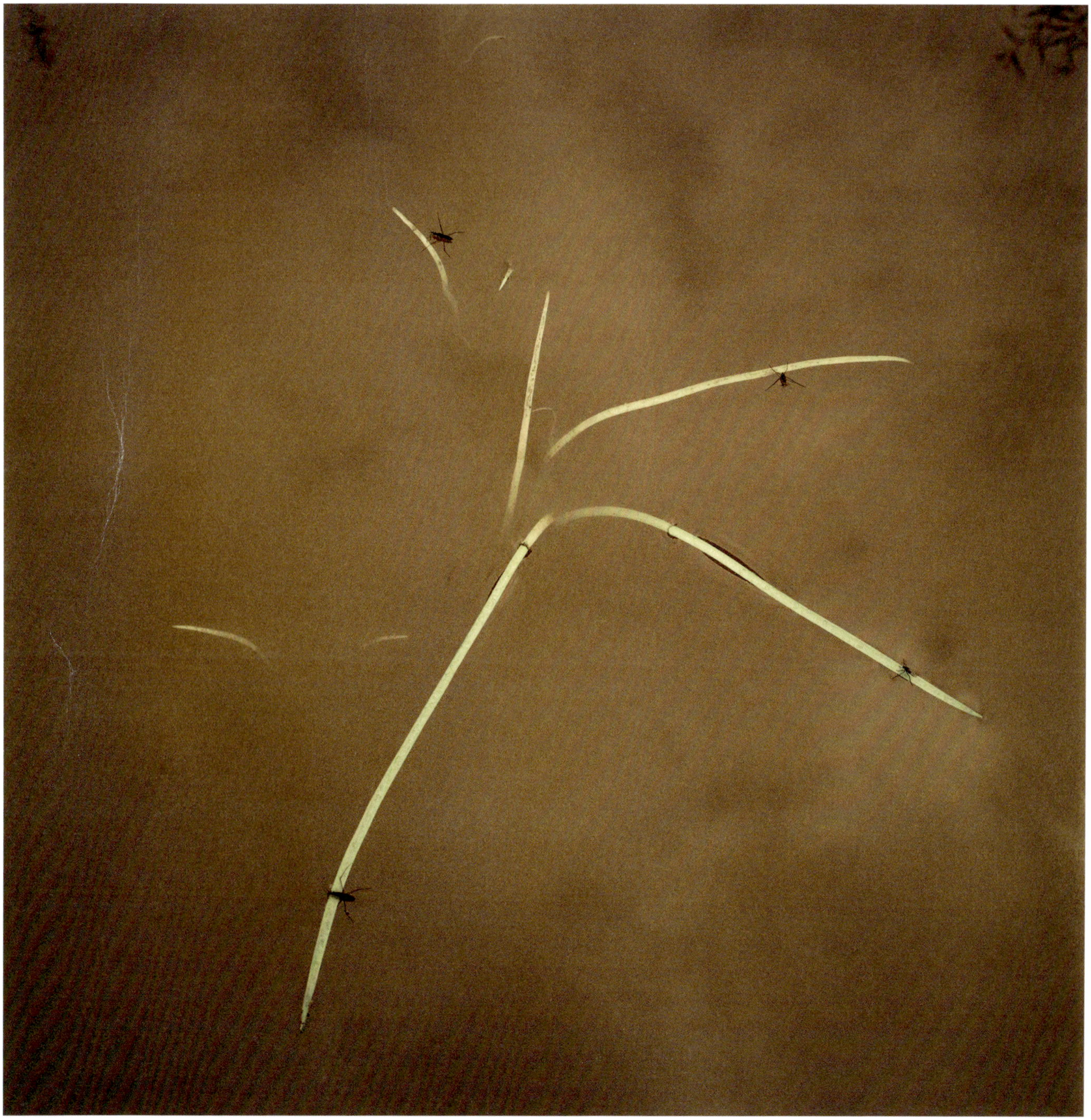

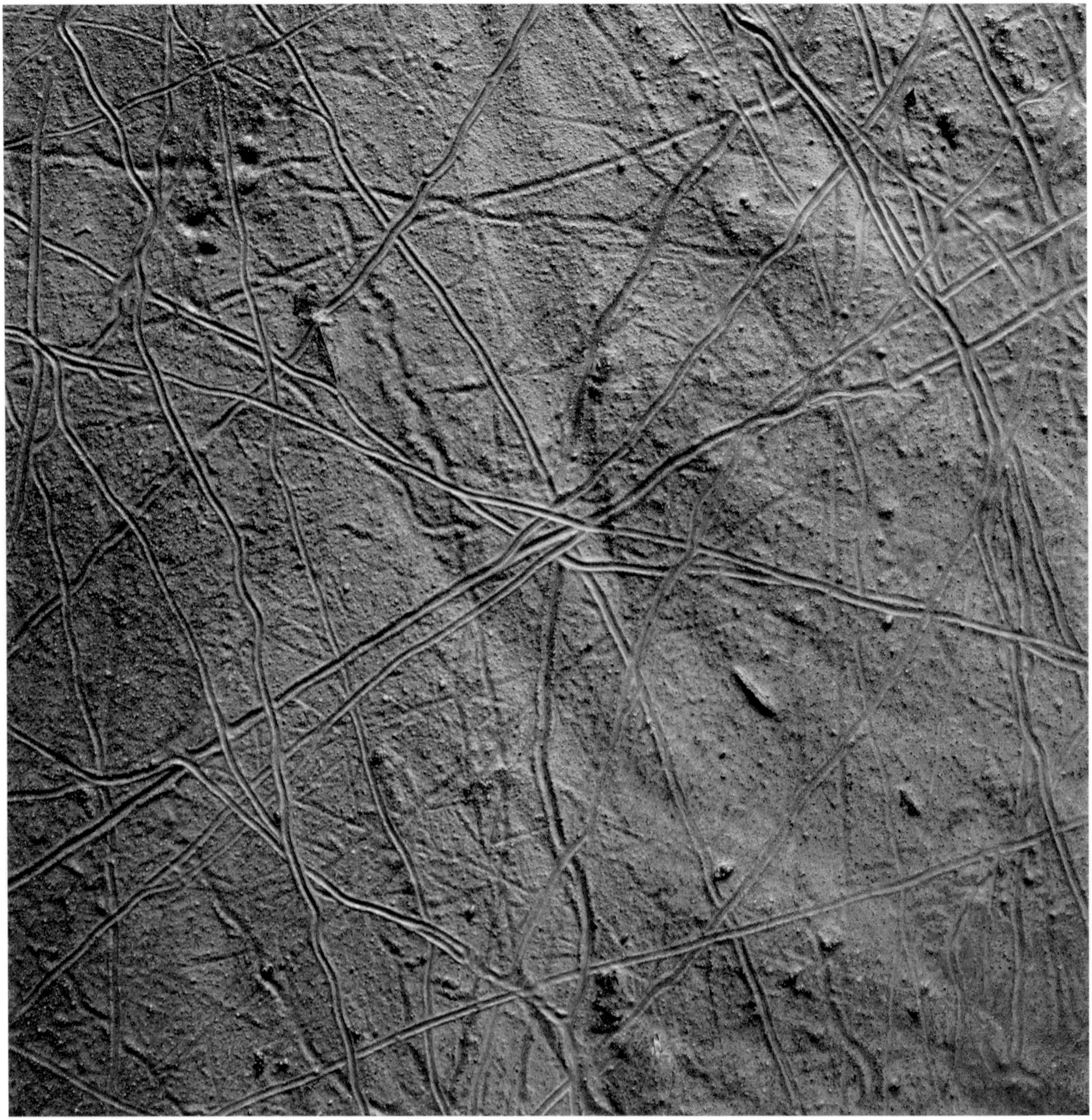

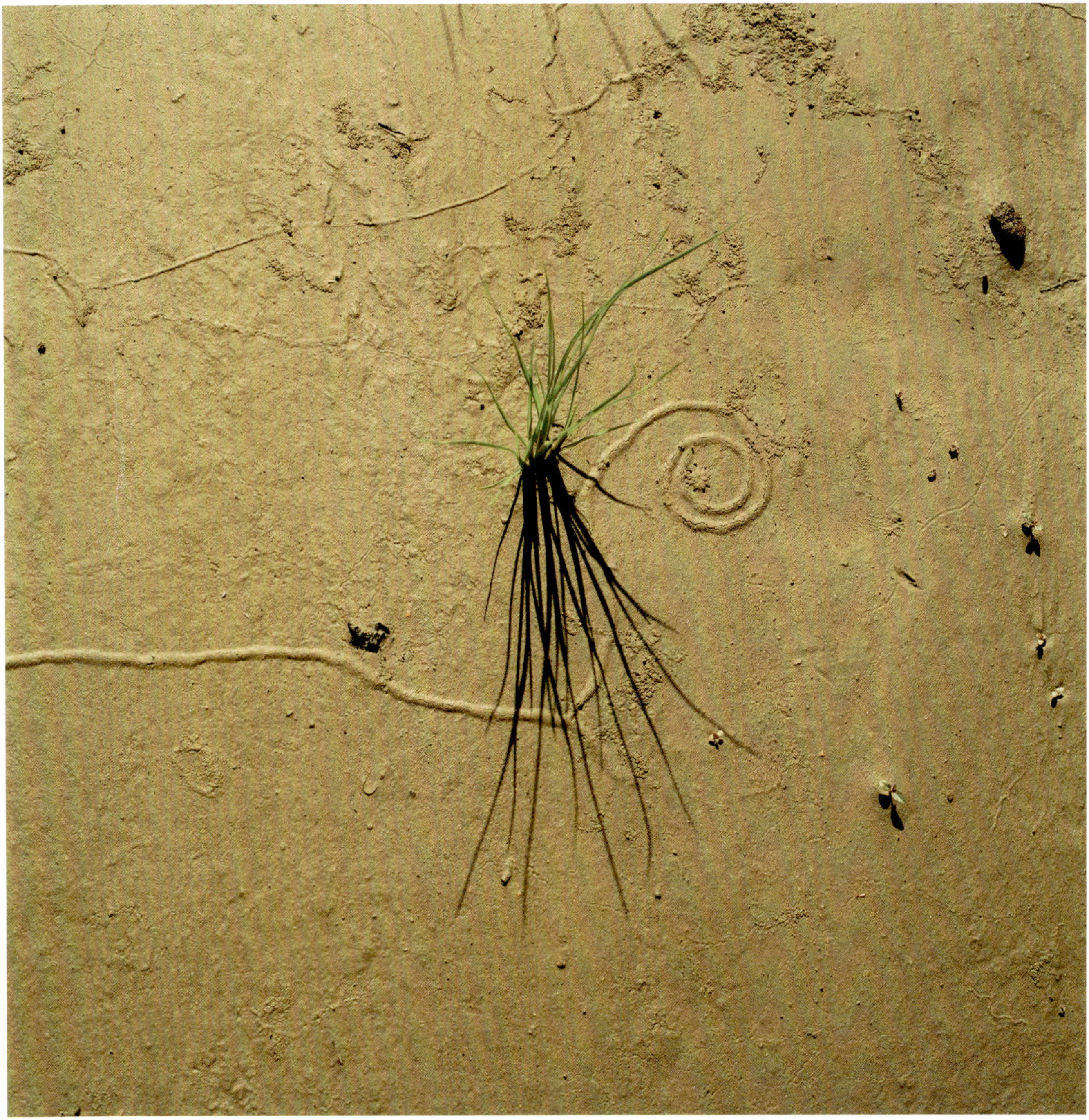

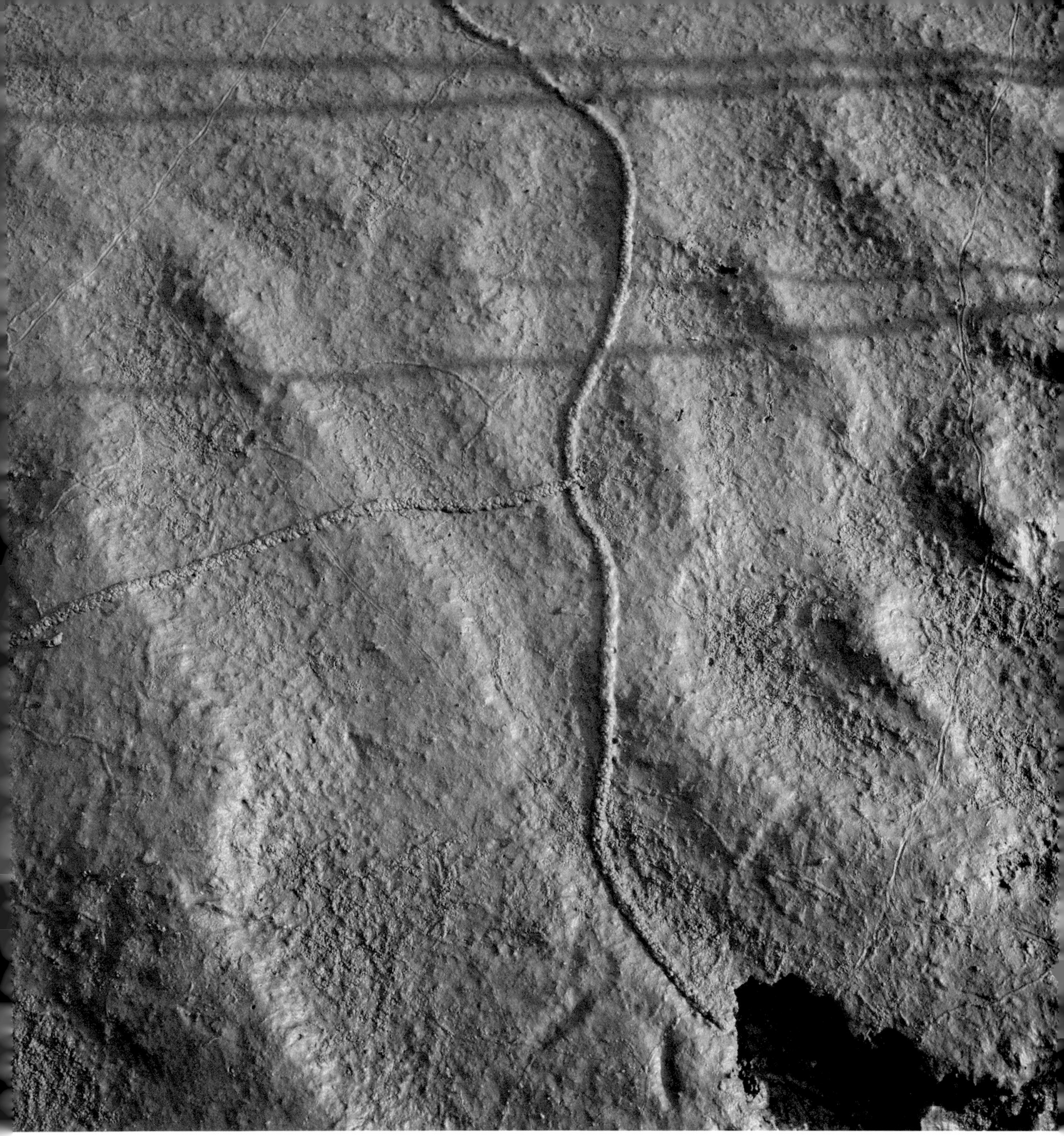

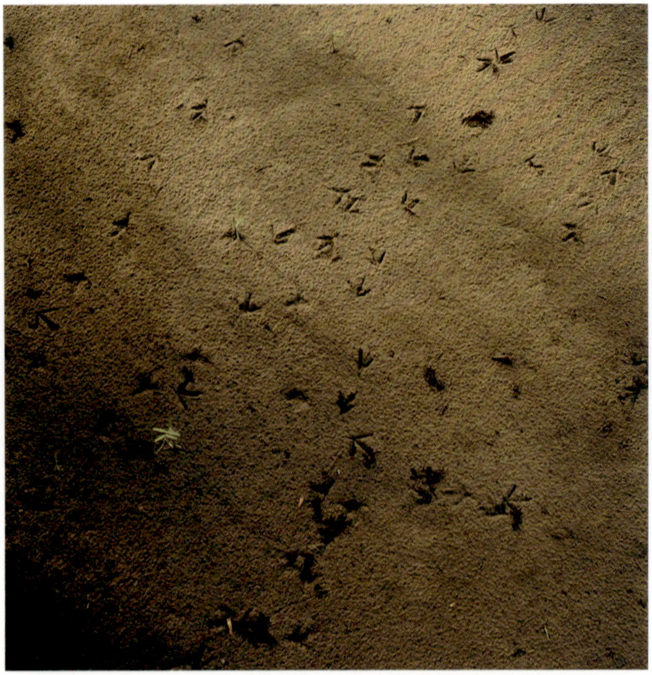

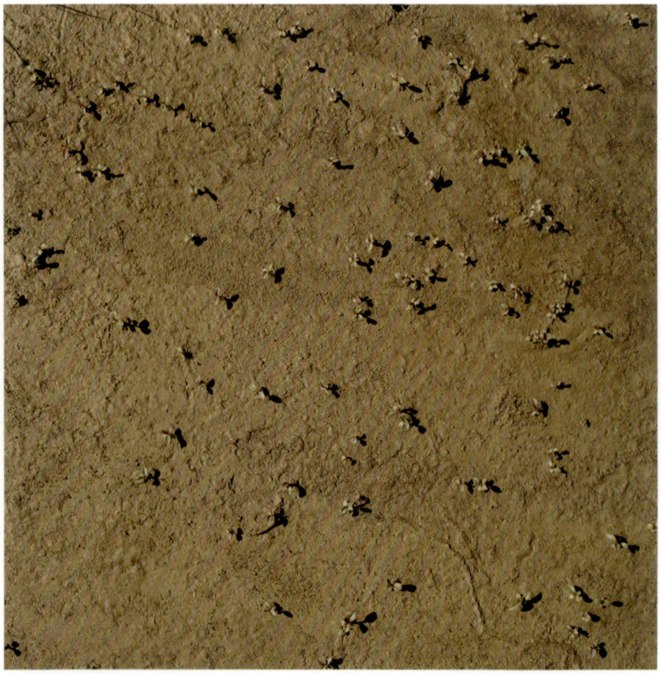

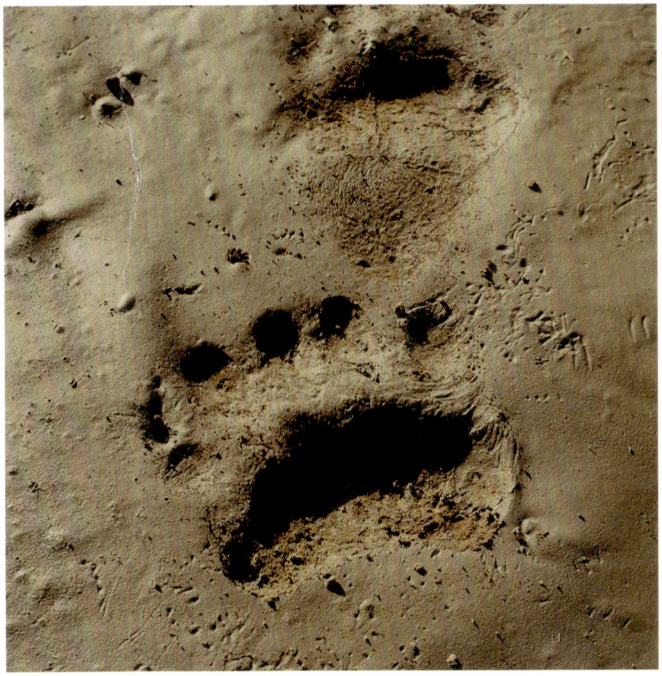

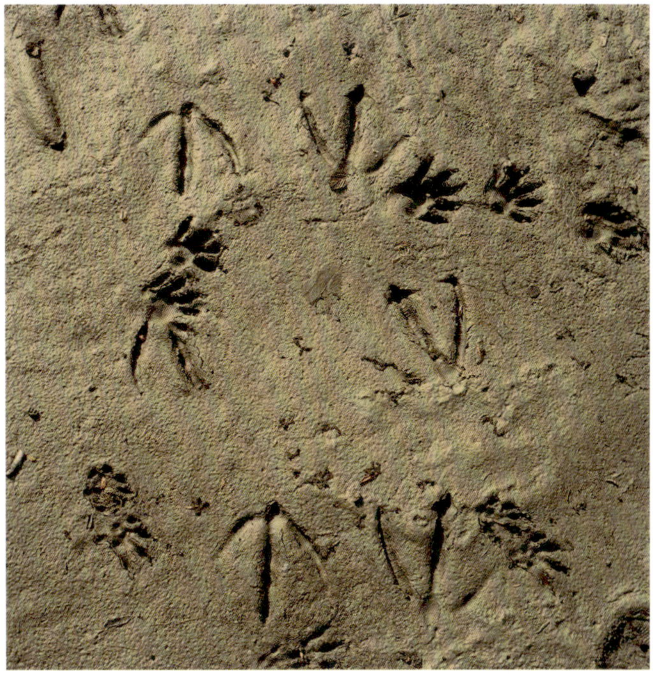

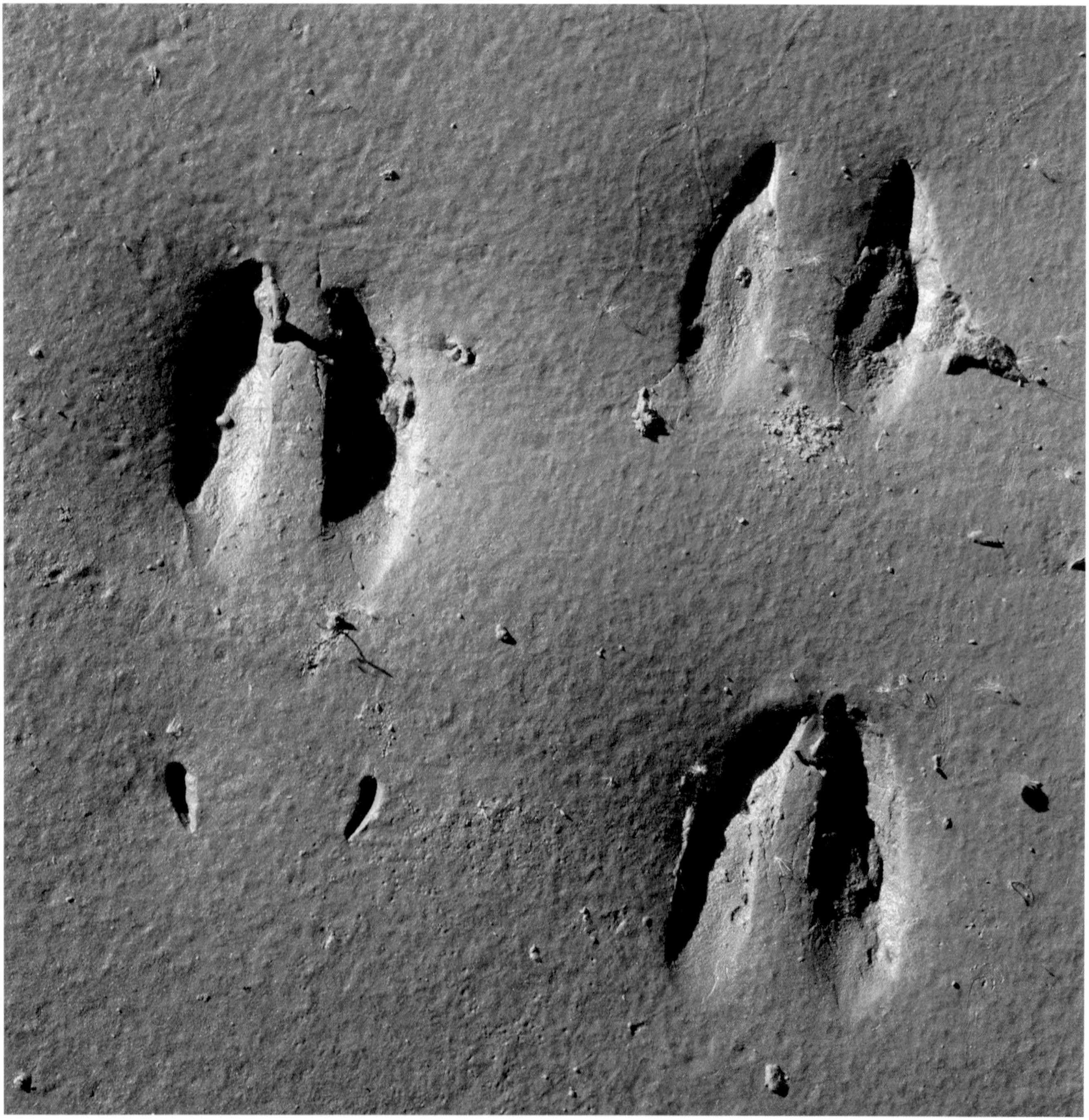

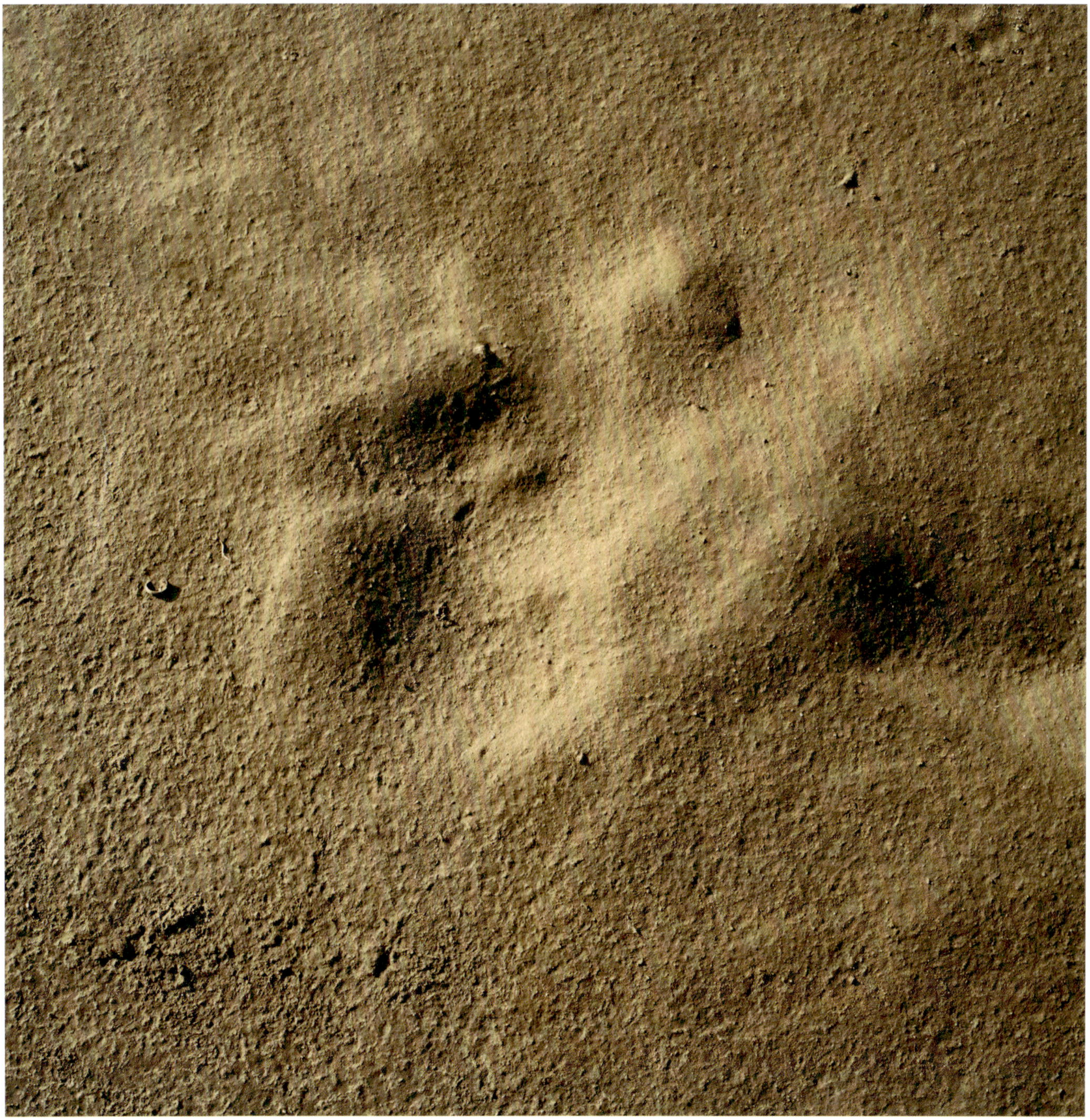

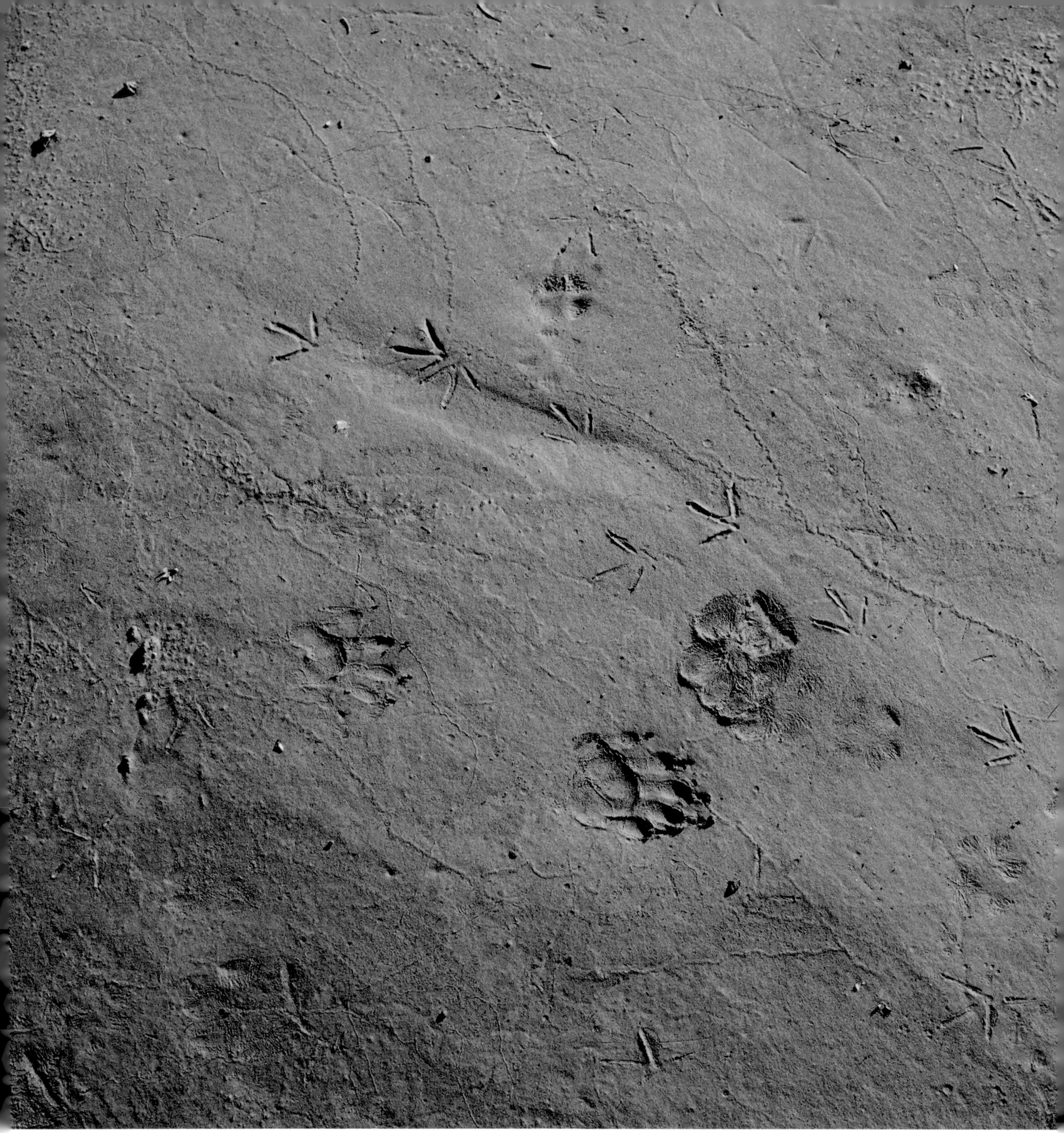

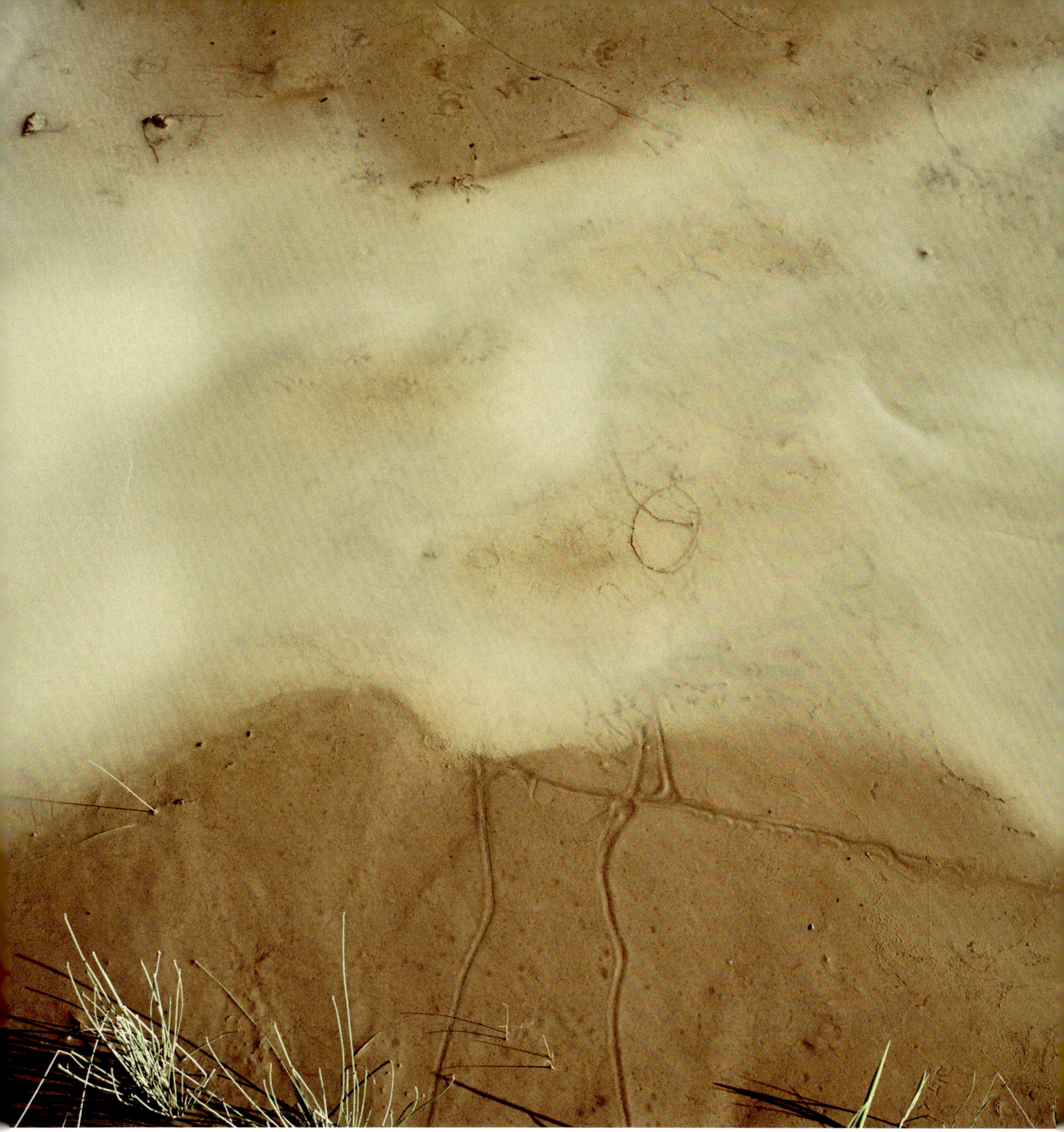

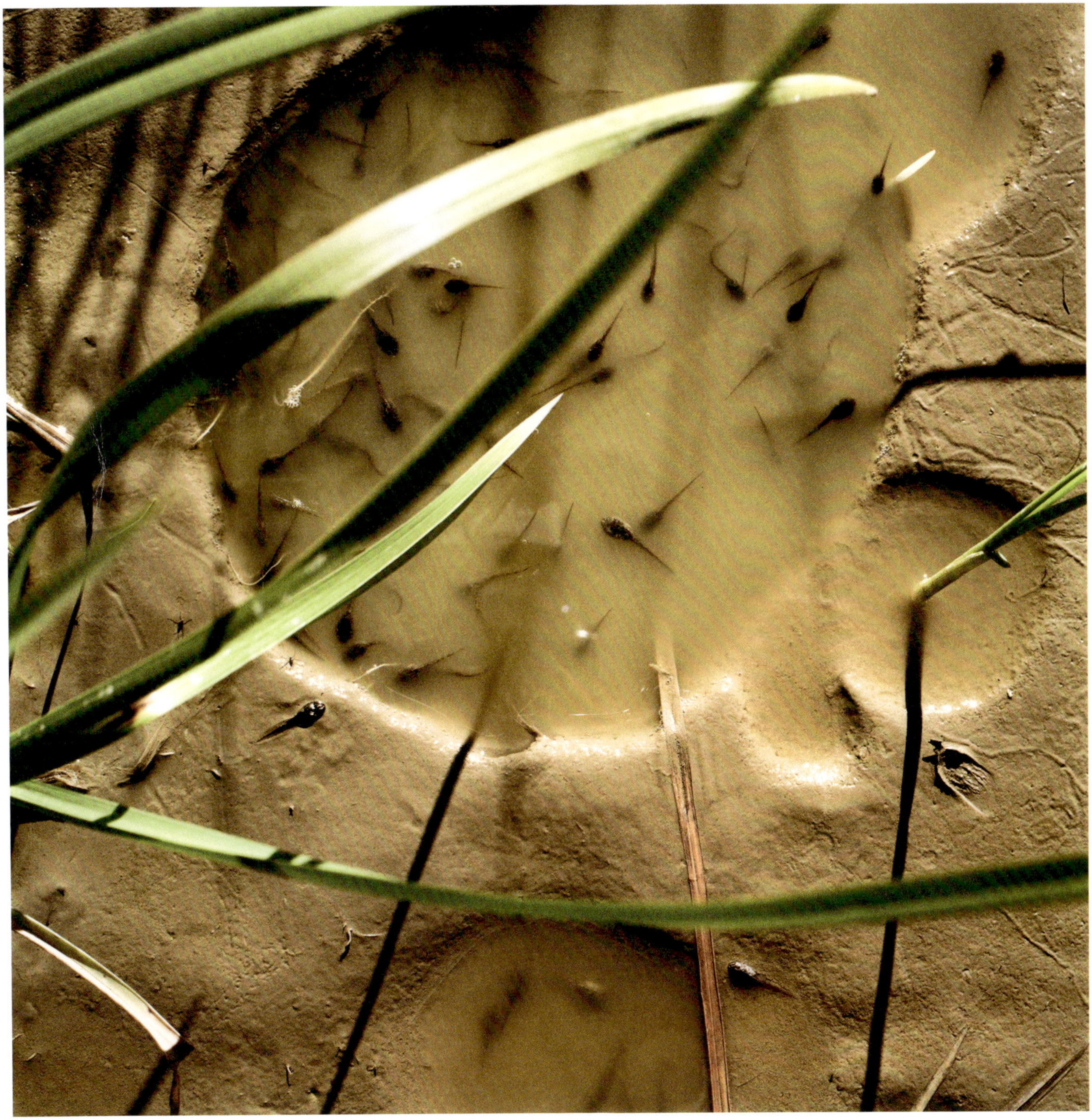

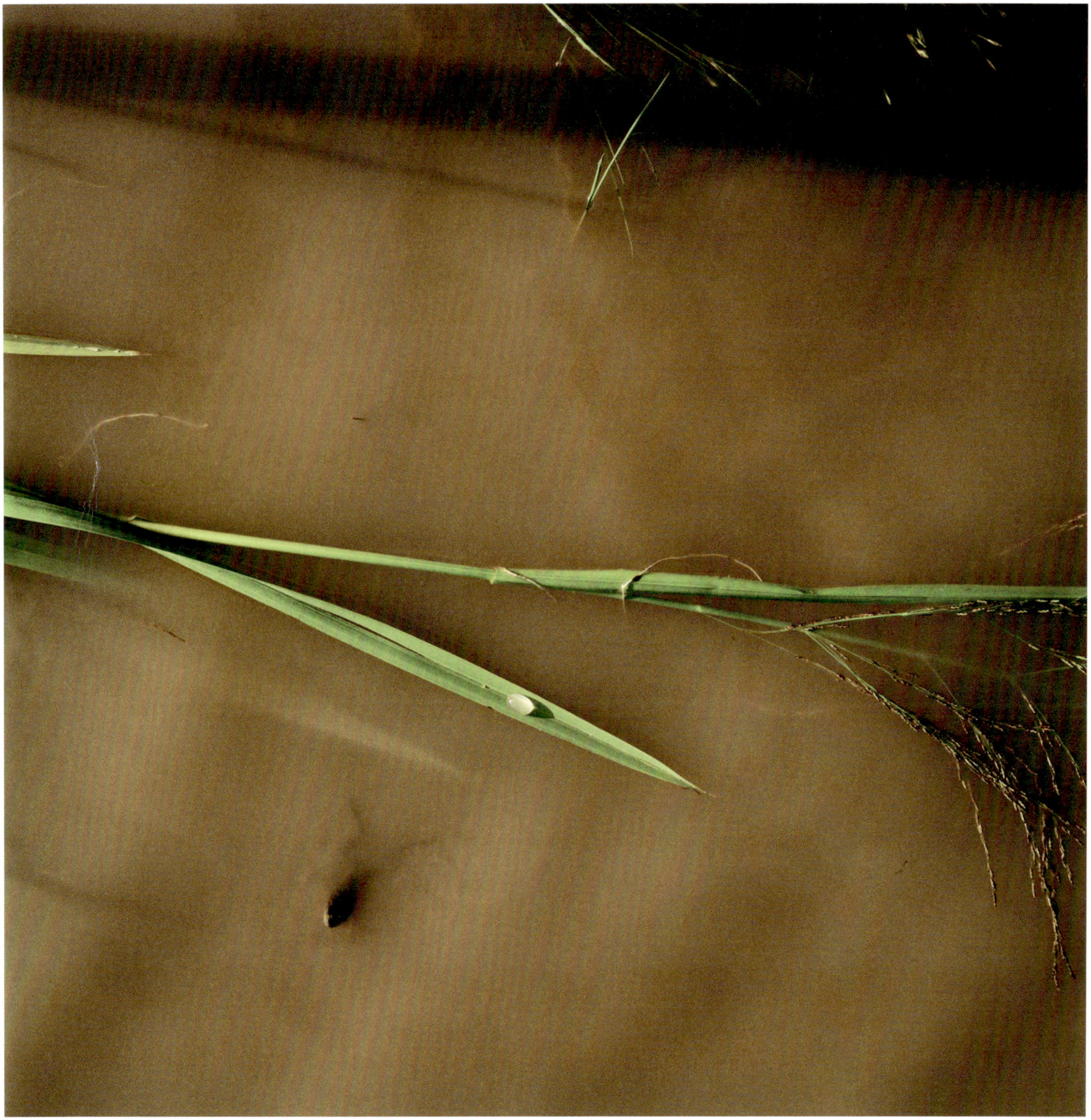

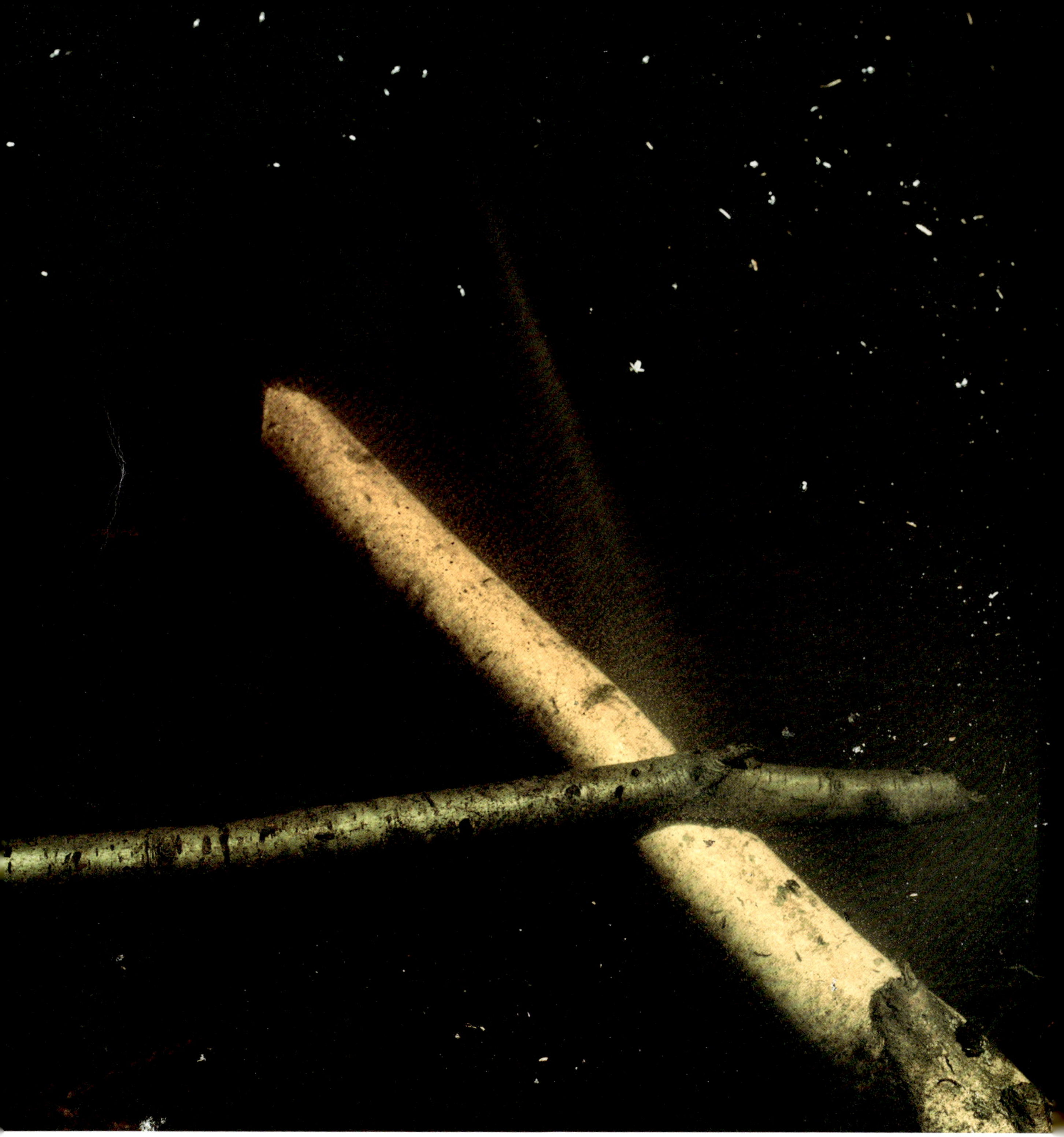

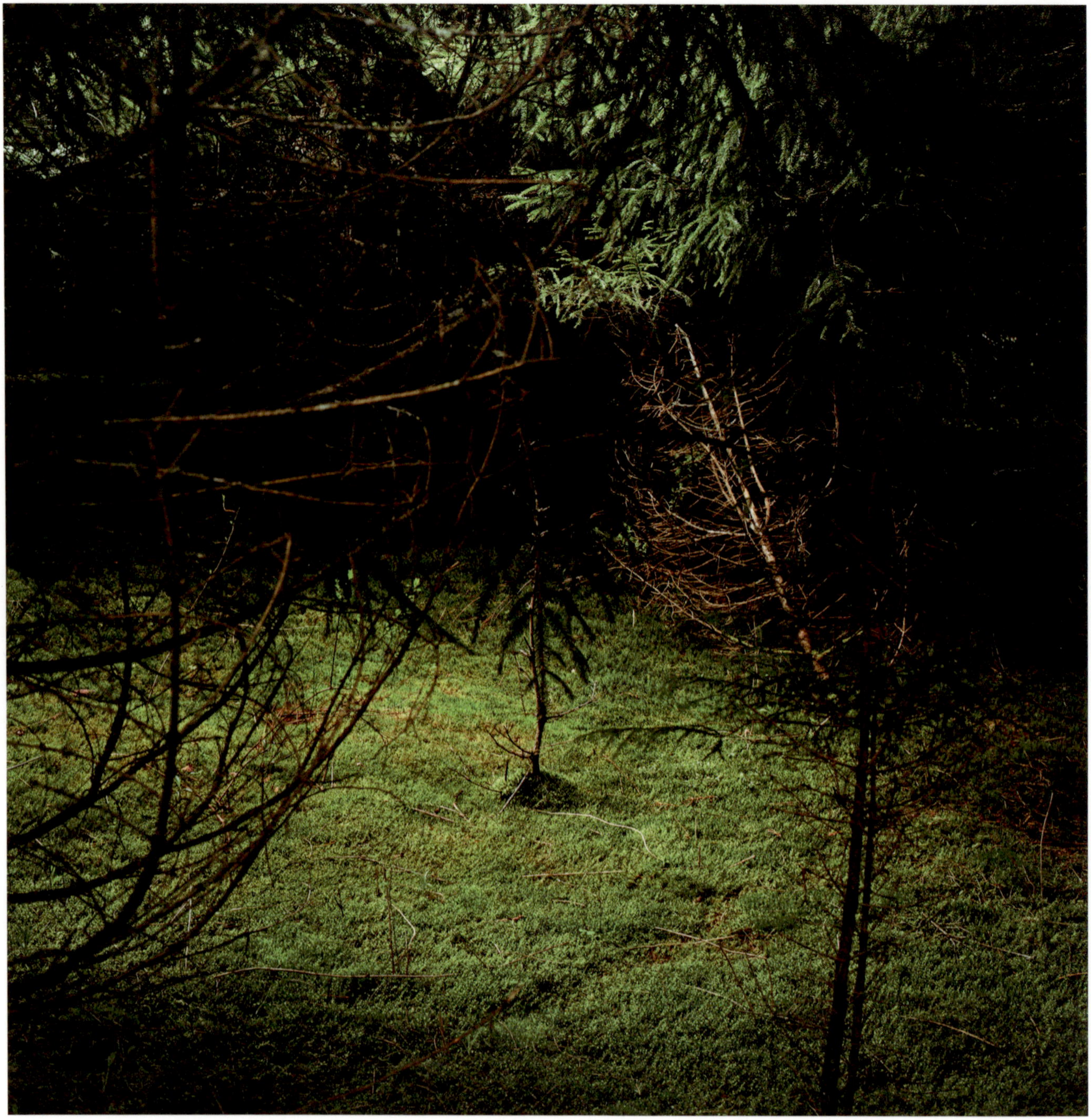

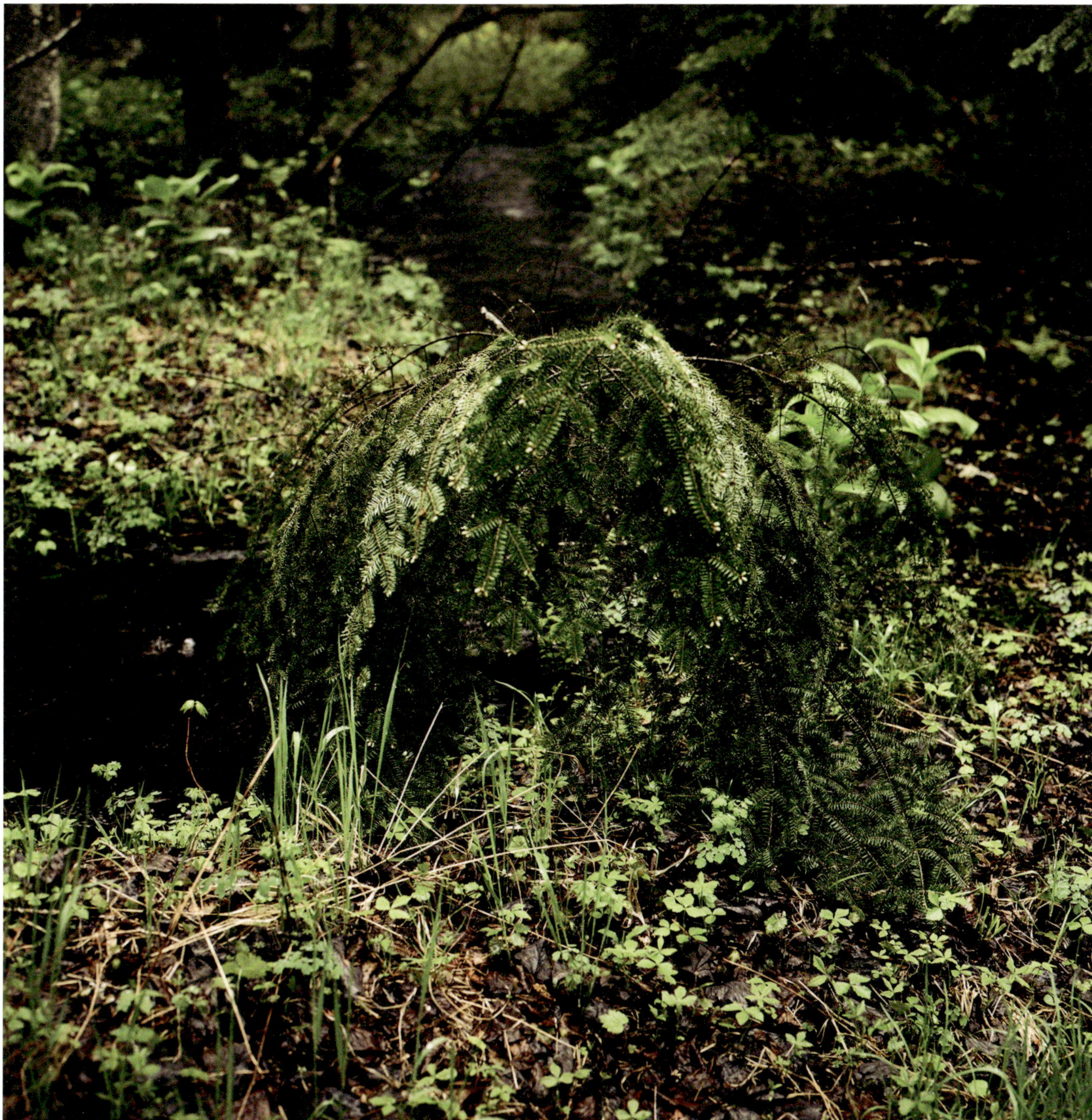

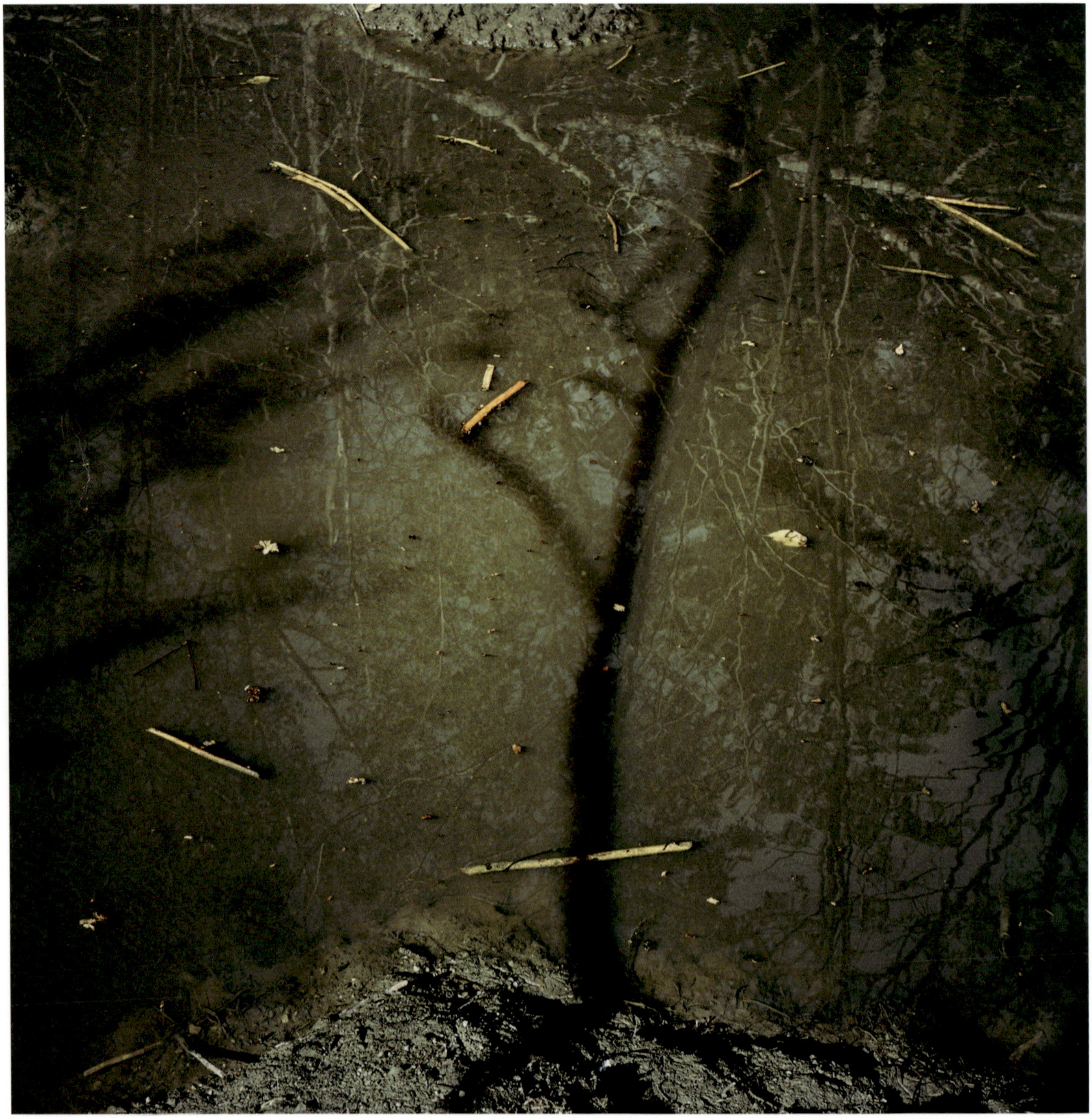

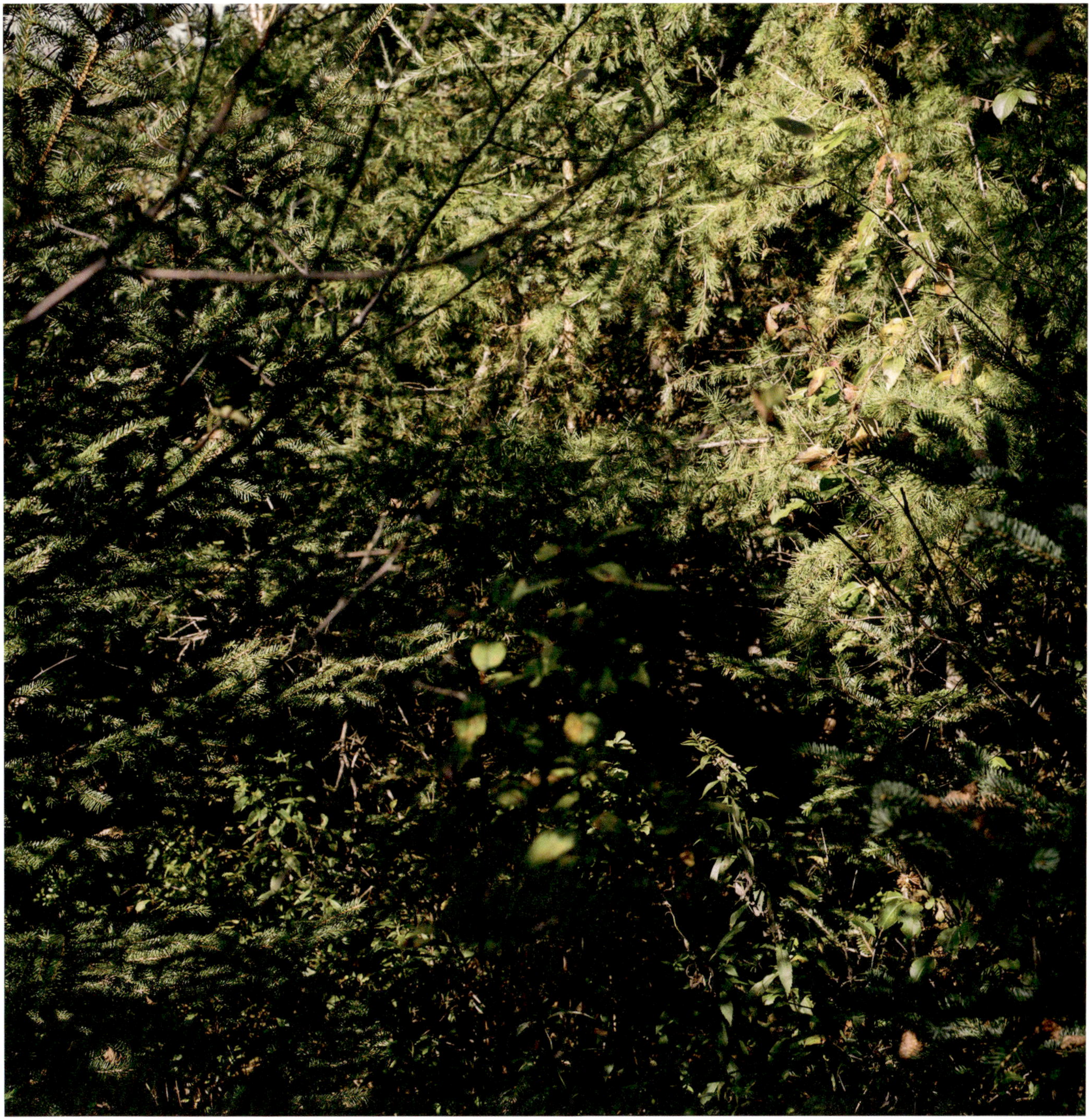

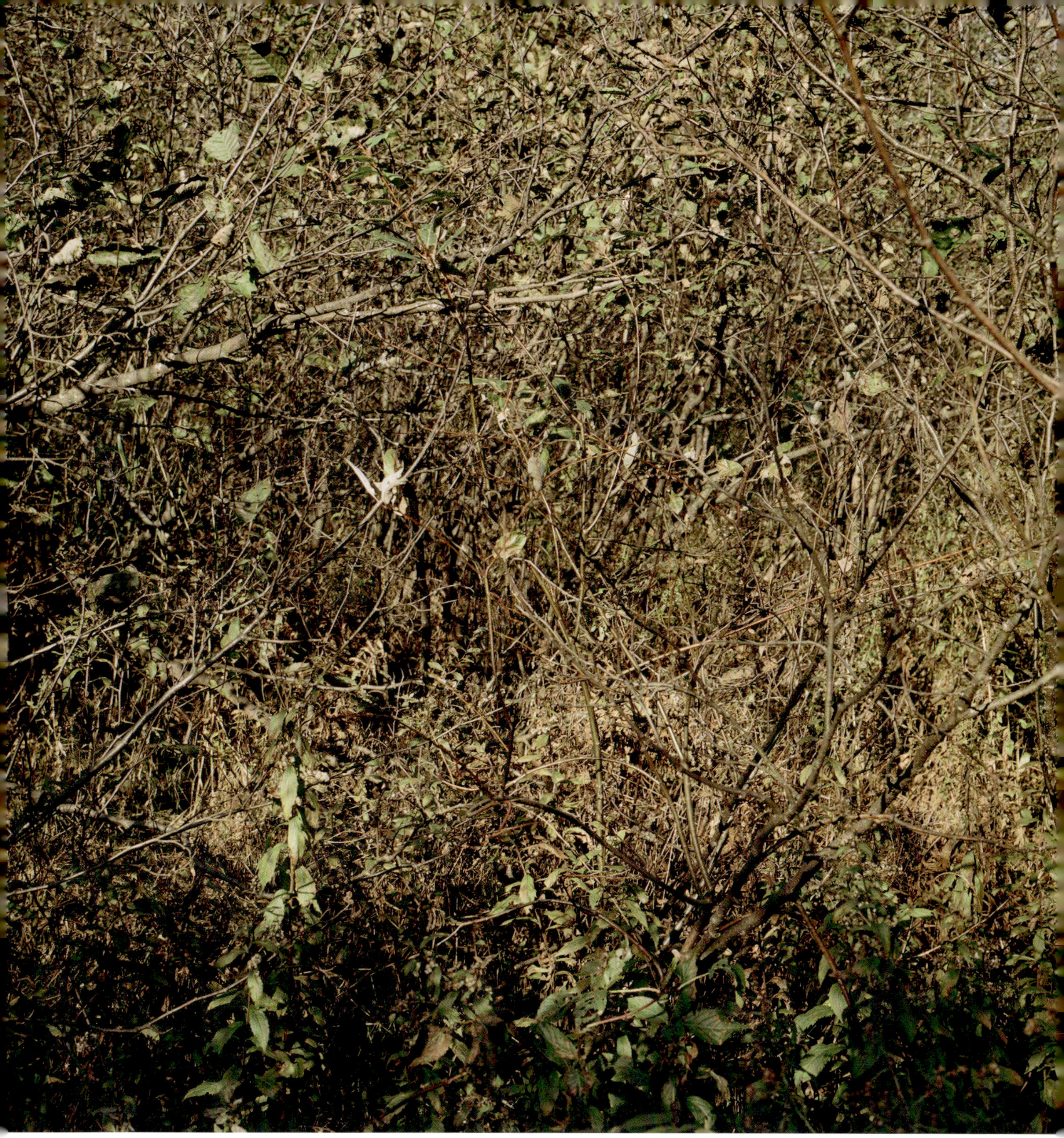

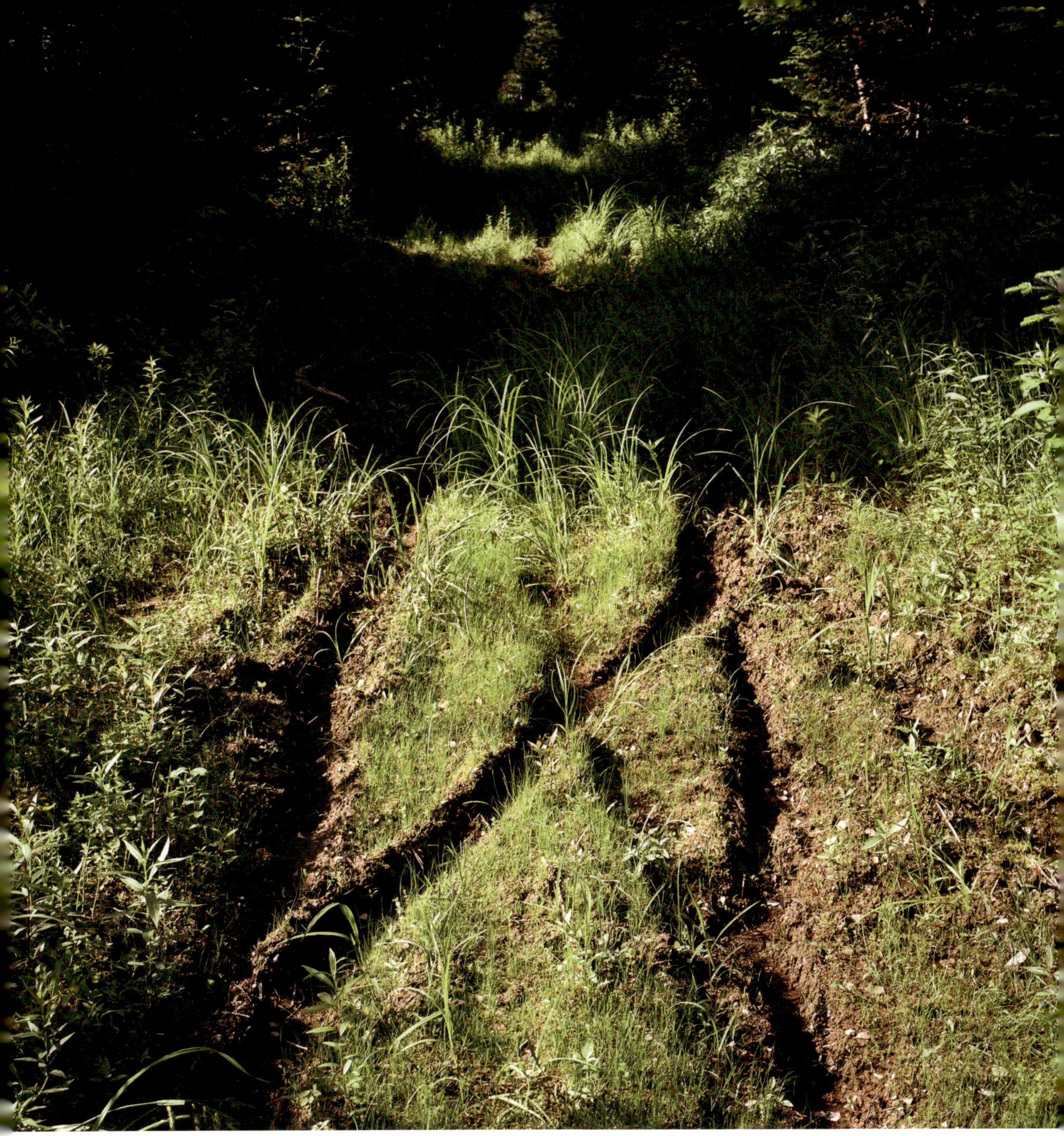

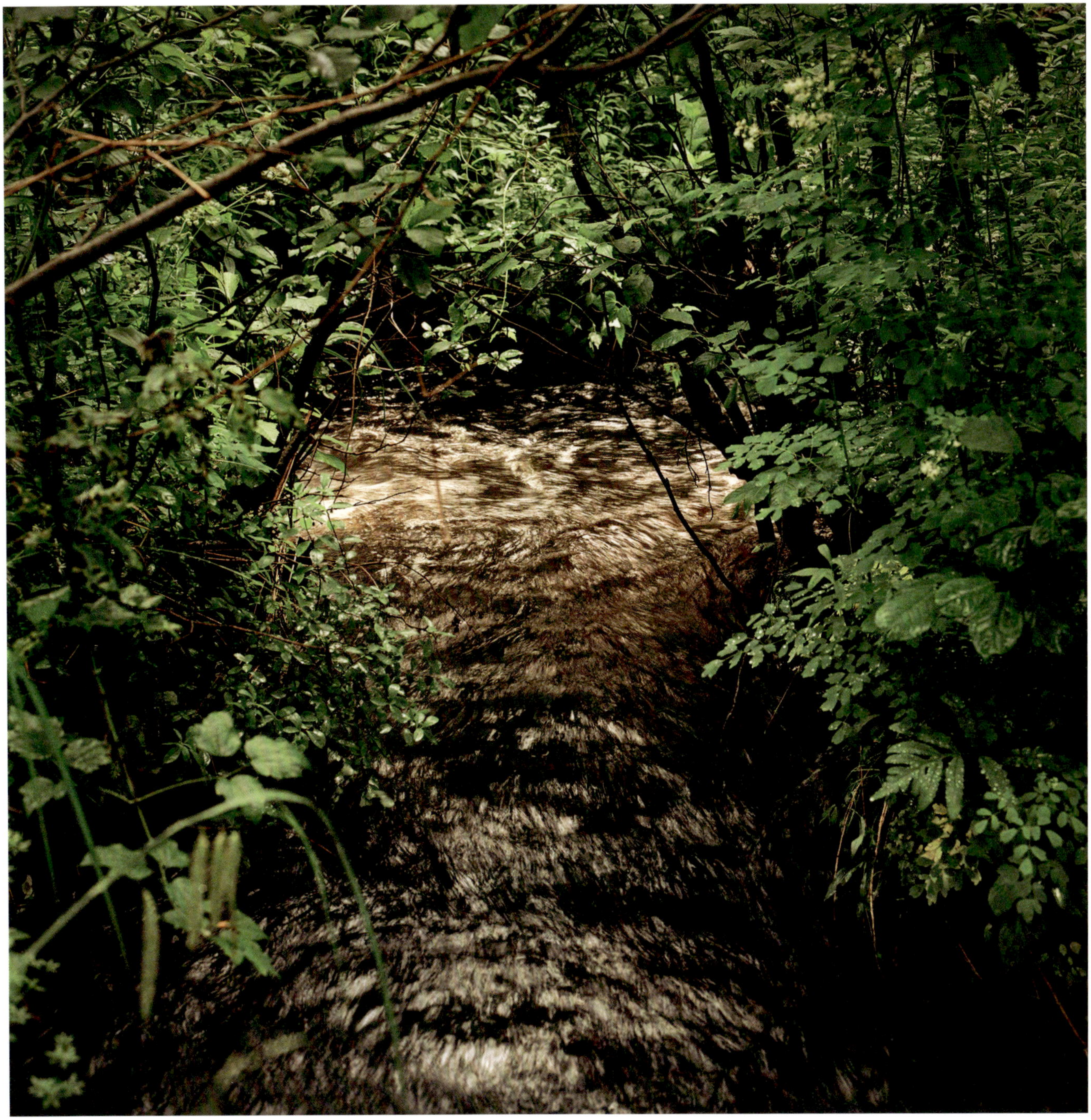

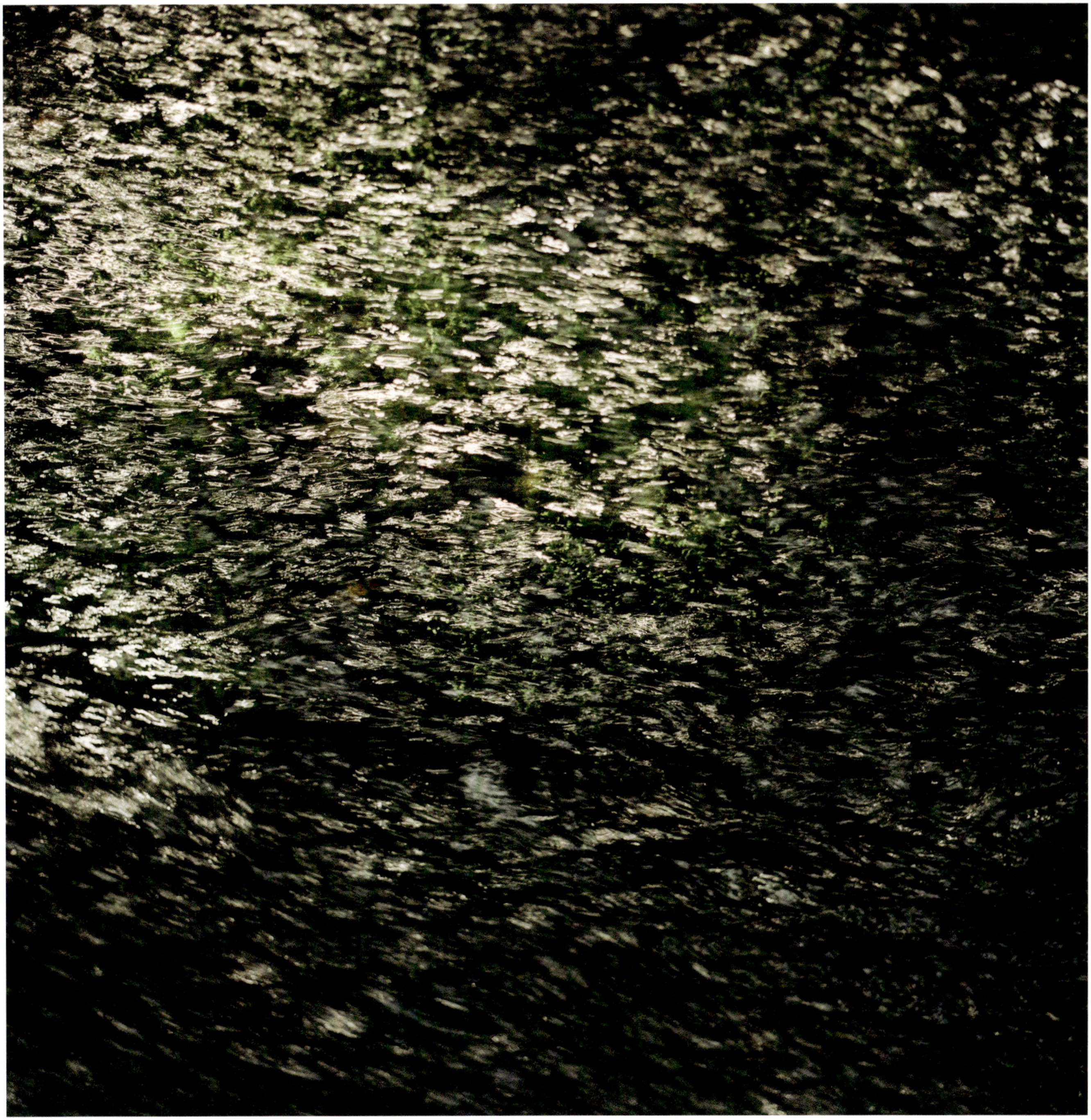

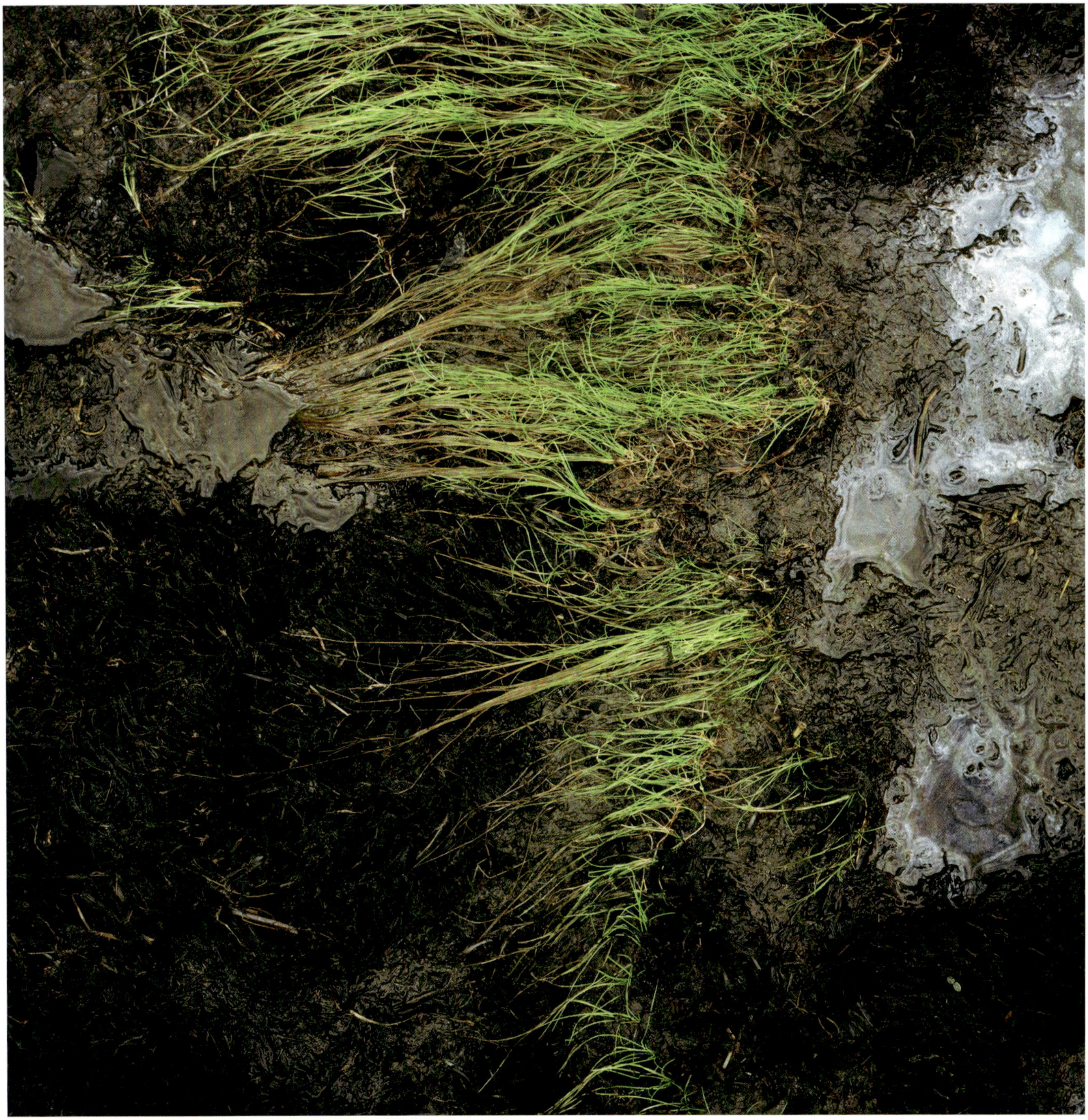

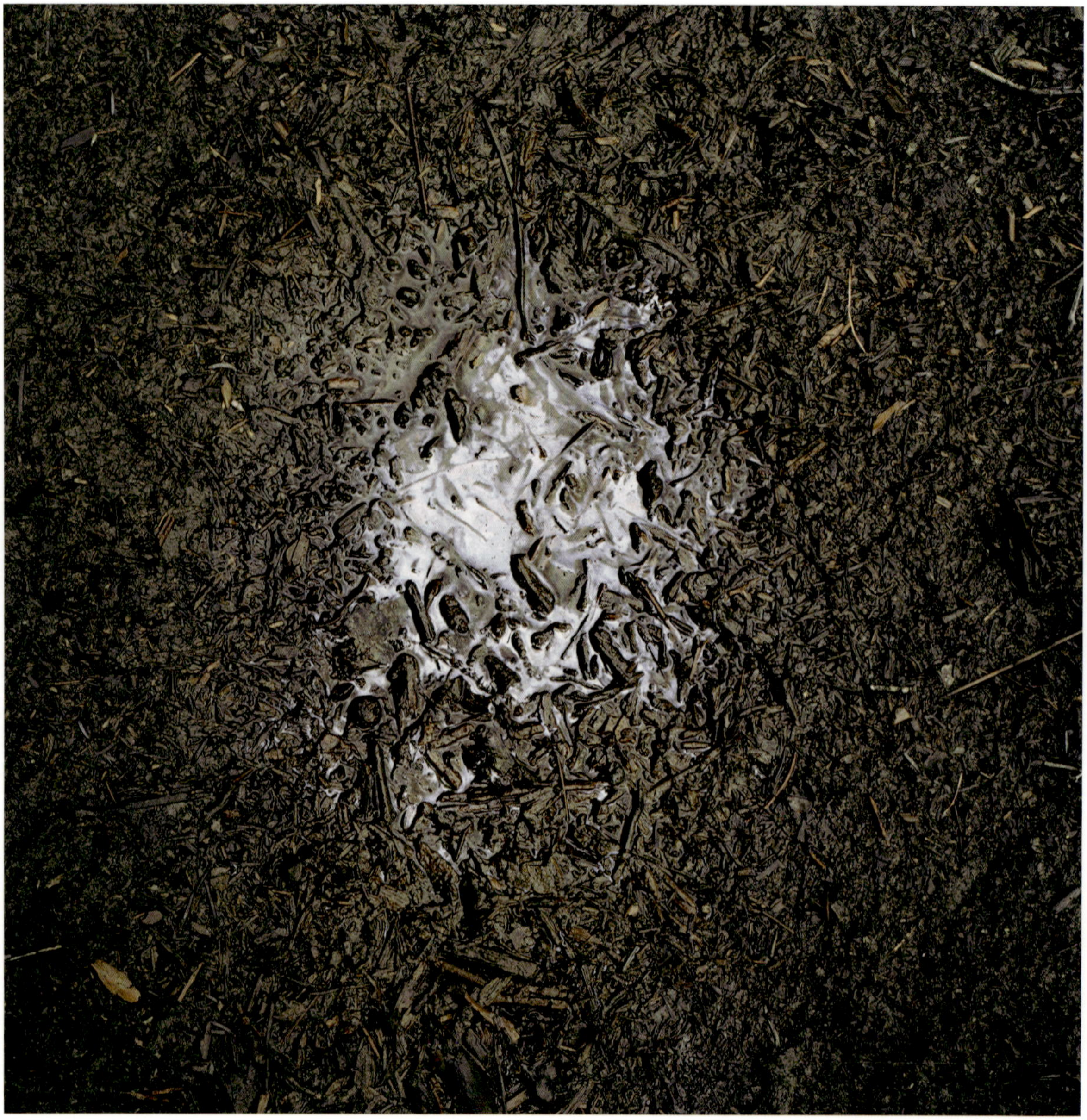

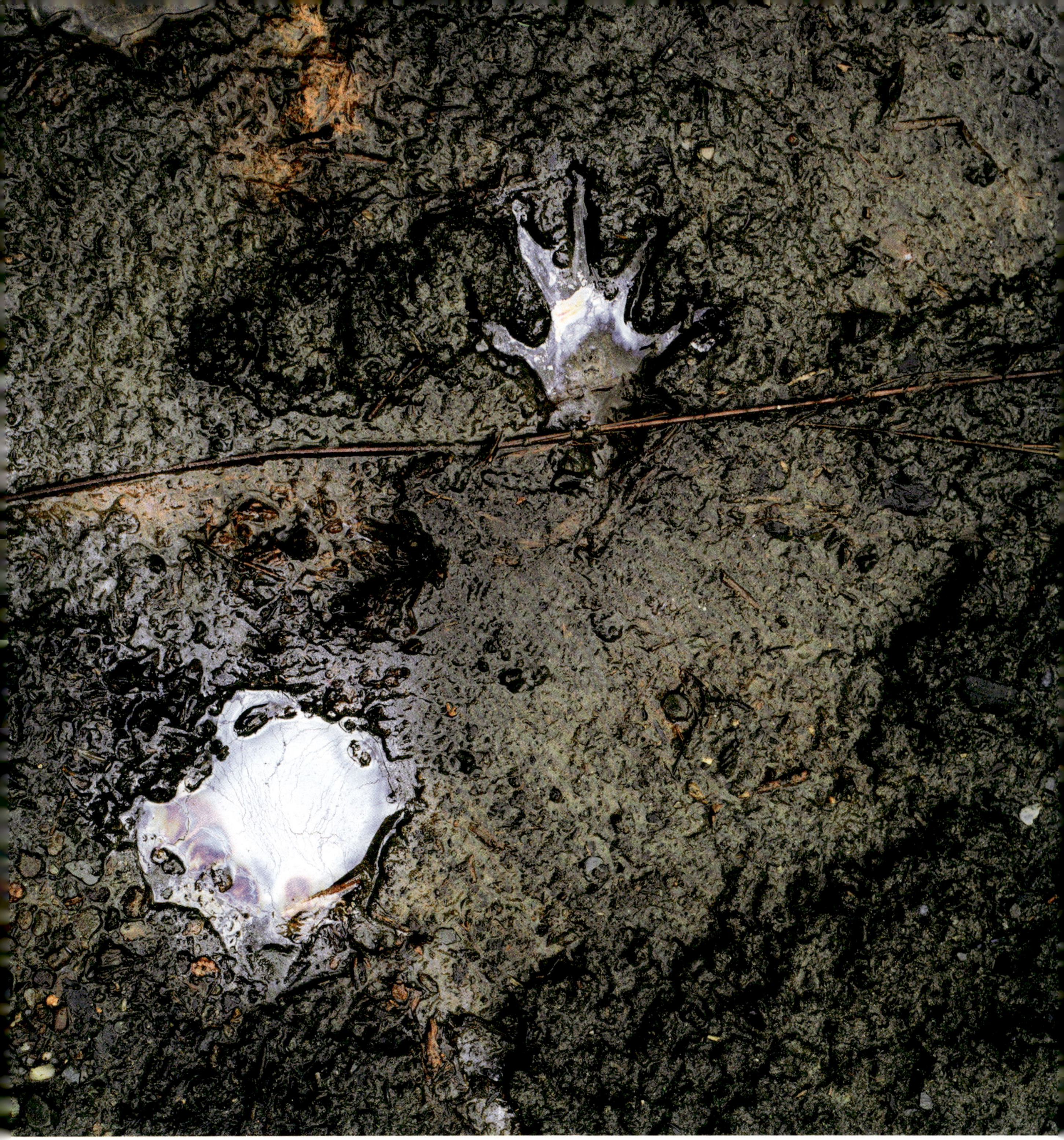

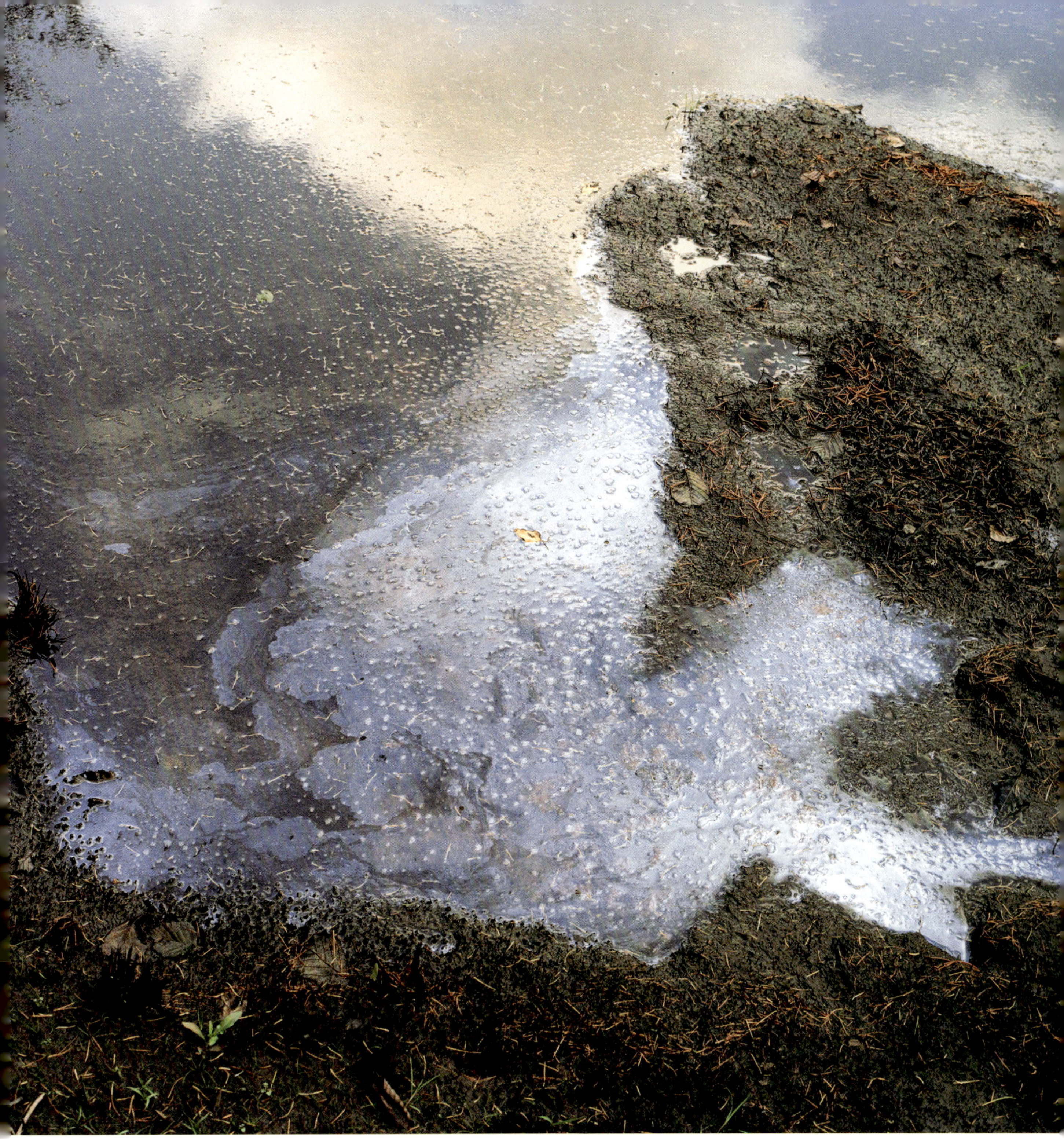

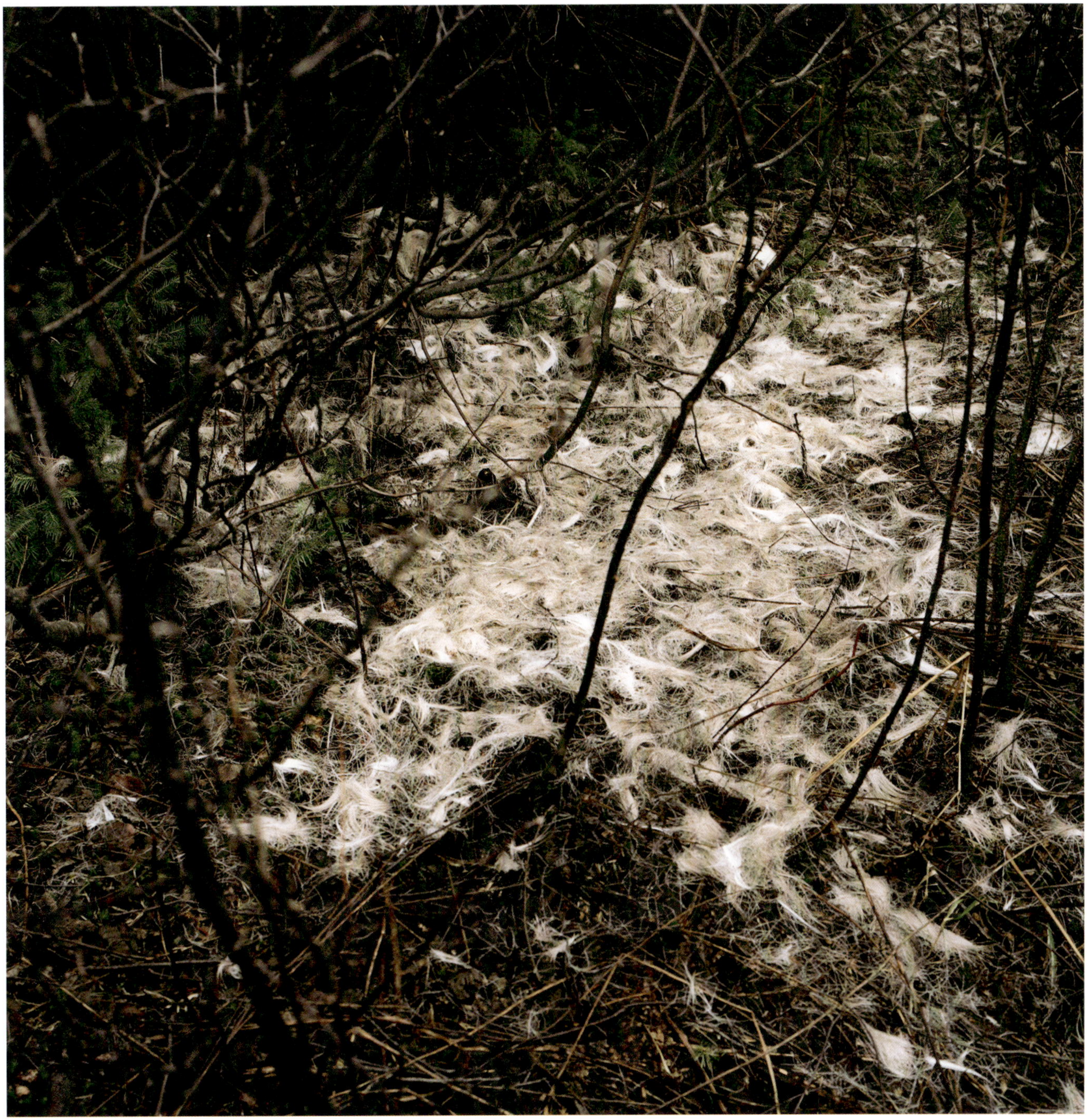

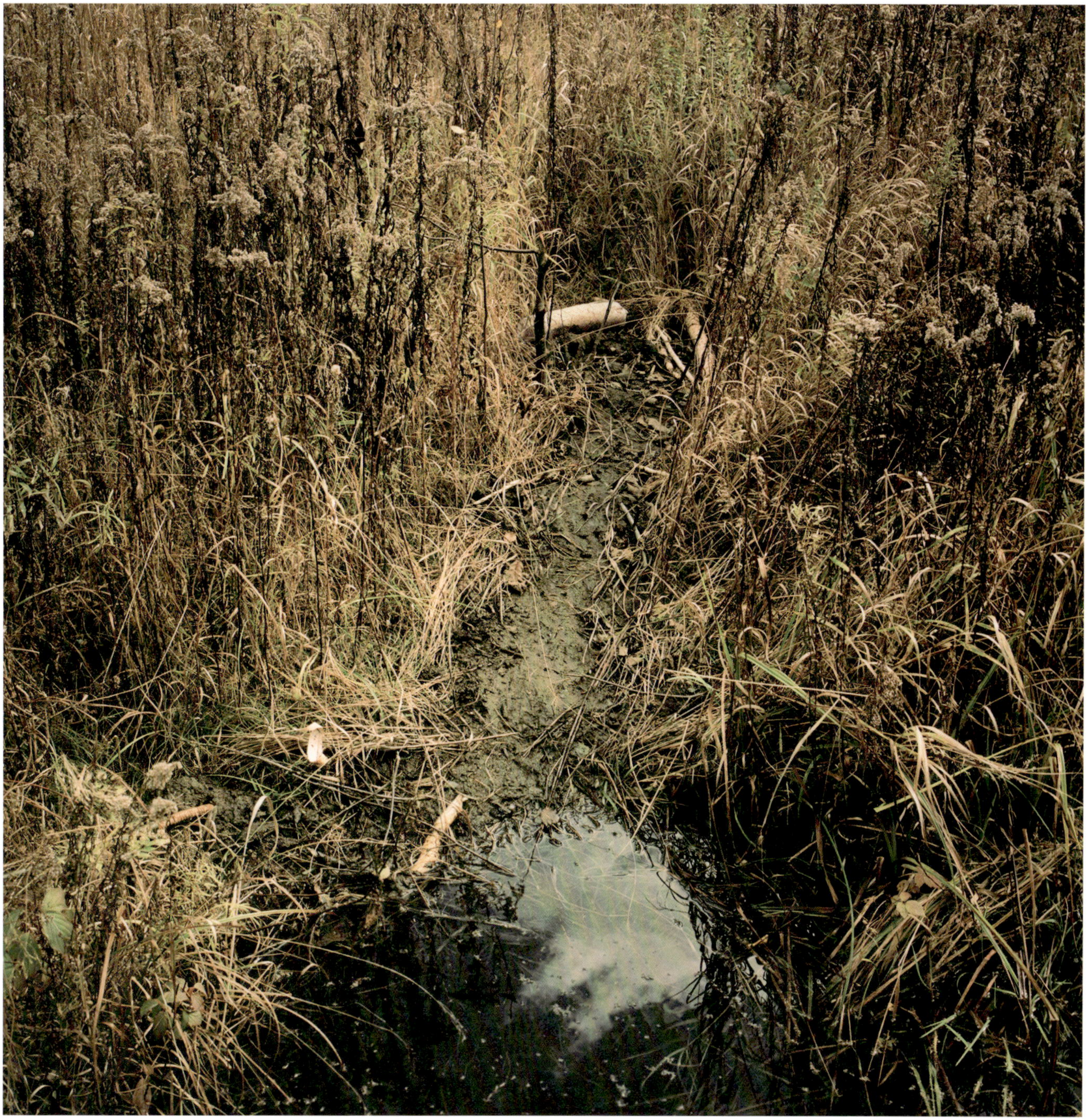

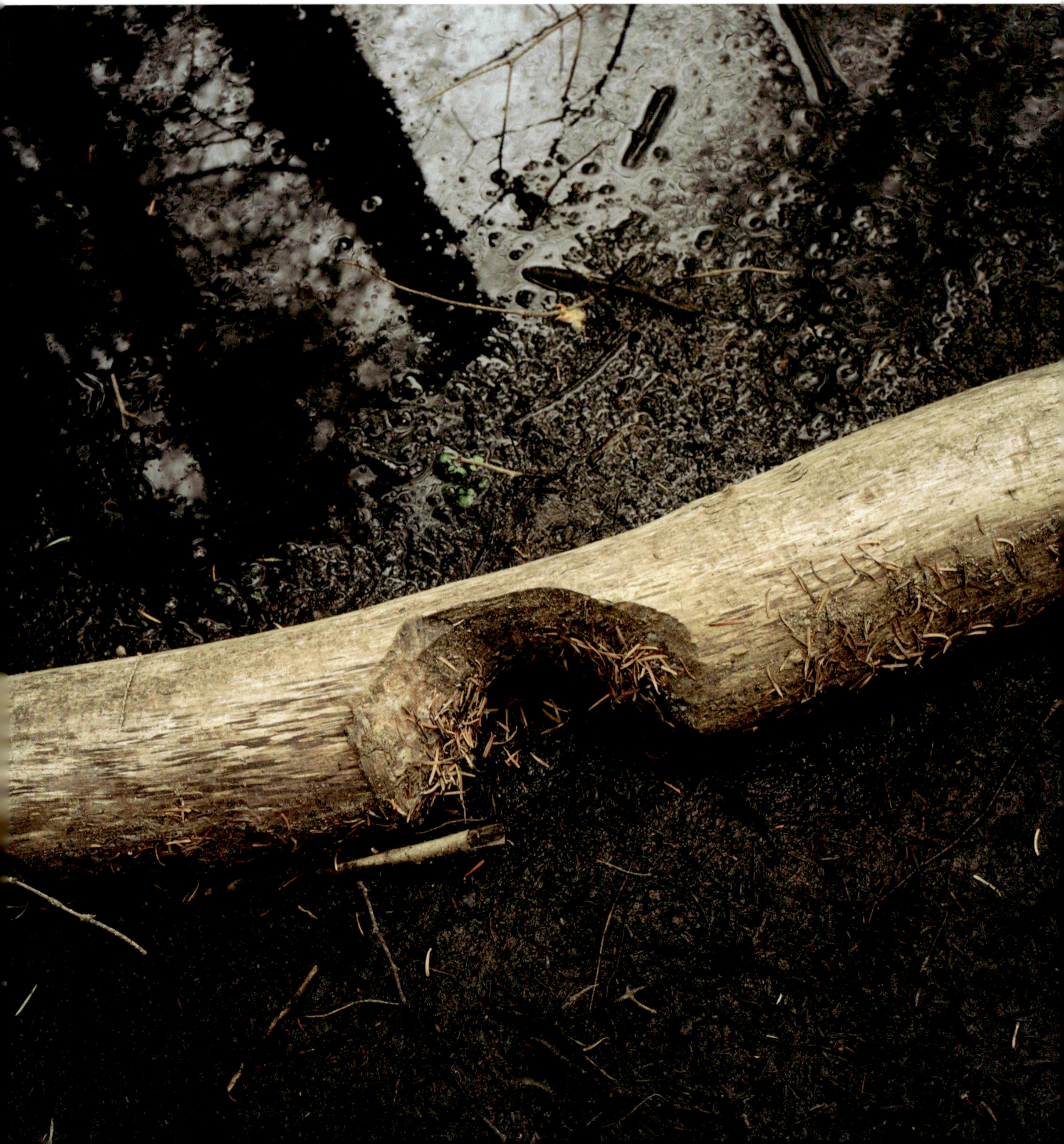

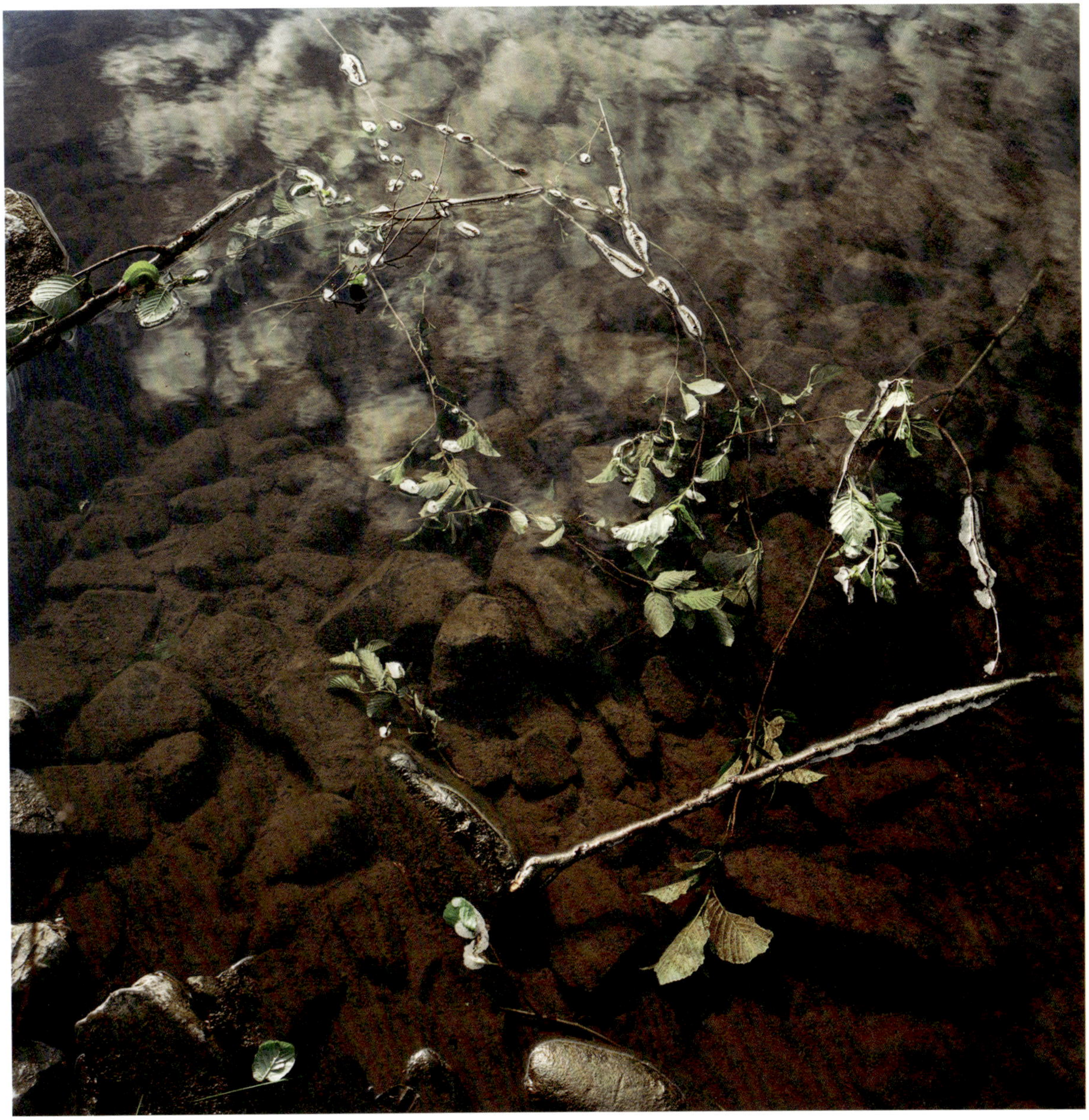

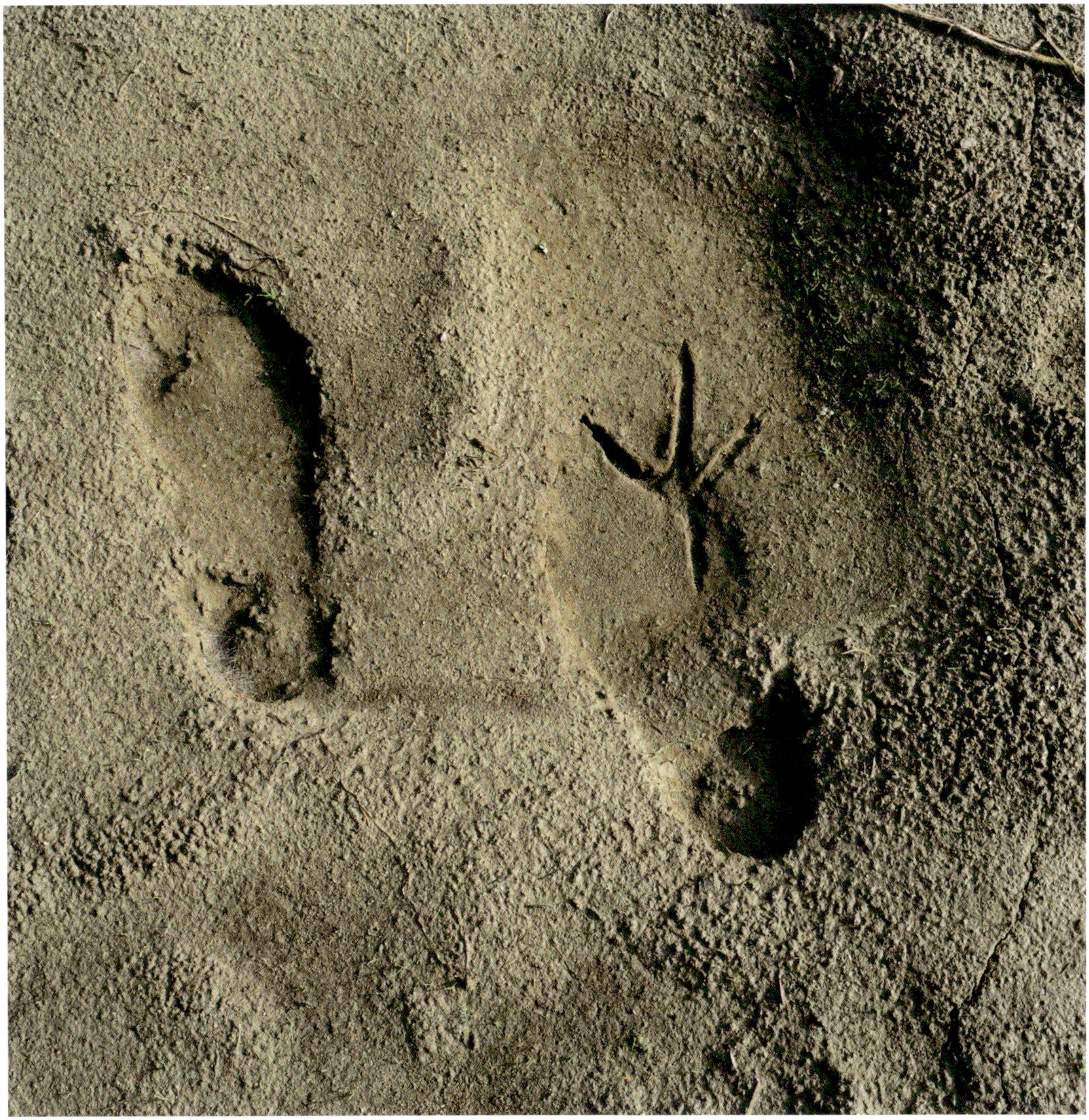

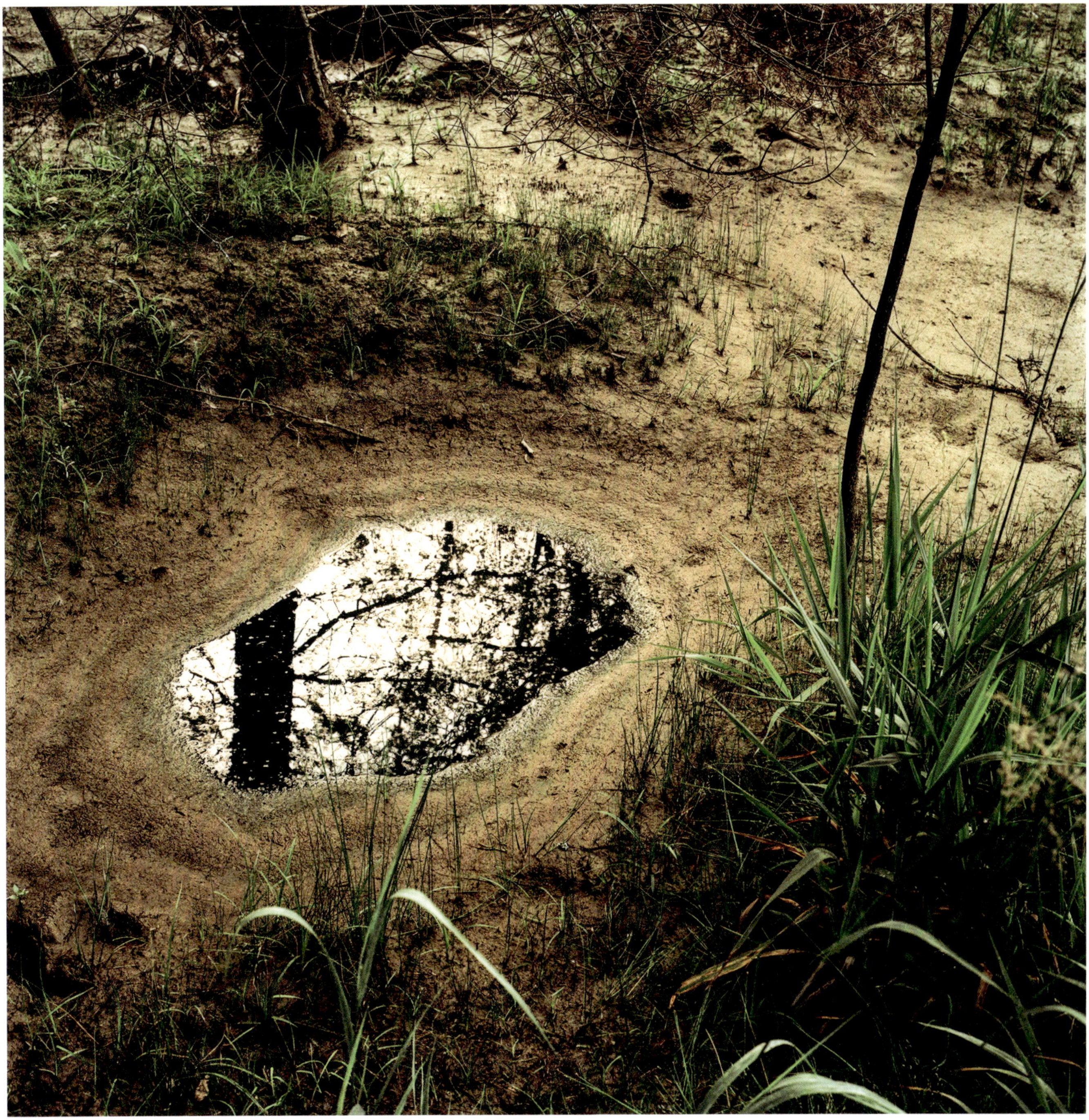